クラス皆が一体化!

中学担任がつくる合唱指導

長谷川博之［編著］

明治図書

まえがき

「歌わない生徒にどう指導すればいいのでしょうか」

「最優秀賞を取るために何をすればいいですか」

「男女間でトラブルが起こり、男子が歌わなくなりました。どうしたらいいのでしょうか」

「音楽の授業が成立していません。担任は何をすればいいのでしょうか」

セミナーやＴＯＳＳデーで毎回のように受ける質問である。

わがサークル「ＴＯＳＳ埼玉志士舞」が主催する研修会には、北海道から鹿児島まで、全国各地からの参加者がある。その参加者の多くが右のような悩みを抱え、問うてくる。ということは、日本中に同じ悩みを持つ教師がいるとも言える。その悩みを解決する一助となりたい。これが本書執筆の動機である。

たとえば、「最優秀賞……」の質問に、私はこう答えた。
■合唱で最優秀賞を取るというのは、目的じゃなくて手段です。
最優秀賞を取ったことで、それ以後に何ができるのかというのが大事なところなのです。

最優秀賞がゴールだとしたら、最優秀賞を取った後何が残るんですかということですね、私が言いたいのは。

たとえば学校づくりを使命とする三年生で、合唱コンクールで優勝したのに、始業式や終業式の歌を本気で歌わないというのでは、私に言わせればナンセンスなのです。無意味。点数を付けられないとやらない、賞状が出ないと頑張らない、という打算まみれの学級では駄目なのです。そういう状況では、最優秀賞の賞状などただの紙切れなのです。

賞状の出ないところで一番になれ。誰が見ていなくても汗を流せ。これが私と私の学級の子どもたちとの合い言葉の一つなのですが、日頃から日常生活を大事にしつつ、行事の時には本気で努力し、終了後に学級の質が高まる、生活の質がいちだんと高まる。そういうふうに持って行くのがこちらの仕事です。日常生活をきちんとやっている学級が優勝すれば、周りもちゃんと評価し、祝福してくれるものです。■

「最優秀賞を目的にする」ような過ちを担任が犯せば、子どもたちも共に道を踏み違える。合唱のための合唱、で終わってしまうことになる。

中学生が合唱をする。その目的は何であり、目標をどこに置けば子どもたちが本気になるのか。

それを考え抜き、子どもたちの前に示すのは、担任の仕事である。合唱指導は合唱の技術の指導のみを指すのではない。その数倍重要なのが、「生き方の指導」である。いかに生くべきかを教えることに重きを置けば、たとえこちらが技術指導の素人であったとしても、聴く人の心を揺さぶる合唱をつくりあげることができる。

こういったことを具体的に教えてくれる人は、私の周りにはいなかった。だから、学びつづけつつ、得たものと得たものとをつなぎ合わせて、自分なりに形づくっていった。

もちろん、執筆者である私や、志士舞メンバーもまだ実践の途上にある。修業の結果、うまくいくことも増えてきた。だが、まだまだうまくいかないことも多くある。だから学びつづけている。本書はそんな私たちから、私たちと同様日々子どもの事実を生み出すために修業し実践している教師への、連帯のメッセージである。

多くの教師が悩む「音楽素人の担任が為すべき合唱指導」について、このような形でまとめ発信する機会をくださった明治図書樋口雅子編集長に心から感謝を申し上げます。

二〇一〇年四月　舞い散る桜を眺めつつ

長谷川　博之

目次

第Ⅲ章 合唱指導、私の成功の秘訣はここにある！ ― 69

第Ⅳ章 志士舞サークルメンバーから長谷川への直撃インタビュー 合唱を別次元の仕上がりにするための指導のポイント

第Ⅴ章 セミナーで寄せられた合唱指導のQに長谷川が答える 「媚びない・ぶれない・動じない」担任の指導が鍵

Q2　なかなか歌詞を覚えられない生徒には何をしてあげればいいですか。
Q3　荒れた中学校でもこういう合唱ができるのでしょうか。
Q4　日常からどんな指導をしていけばいいですか。
Q5　生徒は「団結」という言葉をよく使います。でも行動が伴っていません。どういう指導をしていけばいいですか。
Q6　練習中に「合唱がつまらない」といつも言っている生徒がいます。何を語りますか。
Q7　合唱をやらない生徒にはどのように対応しますか。
Q8　合唱が成功したかどうかは何から判断すべきですか。
Q9　合唱祭一週間前です。何をしたらいいですか。

第Ⅰ章 合唱が激変する時
―自分を表現する喜びを味わわせよう

一 担任にしかできない合唱指導がある

1 魂のスピーチ

二〇〇八年十一月。私は一年生担任として合唱コンクールに臨んだ。

文化祭では、各学級二名ずつがスピーチを行う。

テーマは自由。真剣な主張からお笑いまで、幅広い。

わが学級。四月から学級委員として献身的な活動をしているA子が、以下の文章を読み上げた。

このスピーチを読めば、「担任にしかできない合唱指導」があるということが分かる。

指導方法や練習方法の工夫だけでは不足であることが分かる。

聴く者の心にずしんと響く合唱をつくりあげるために、必要なものが、分かる。


合唱に臨む子どもたちが、どのような心理状態になっている必要があるのか。

これが分かれば、指導が変わる。変えざるを得ない。

合唱コンクールの目的は「勝利」ではない。多くの教師が、この点を誤っている。教師が誤るから、子どもも誤る。勝敗ばかりに気を取られ、日常生活を疎かにするほど練習に熱中し、形ばかりの団結を演じる。

コンクール後には、何も残らない。

仲も悪くなる。「協力」のかけらもない。授業態度も清掃もいいかげん。自浄作用も働かない。

あげくの果てには、始業式や終業式での校歌までもいいかげんに歌う。

「あの合唱は、何だったのか！　あの取り組みは、嘘偽りだったのか！」

そういう事実が数多くある。全国の仲間から耳に入る。

ひとえに、教師がその程度の「行事指導」しかできていないということの証だ。

目指すべき地点が間違っているのだ。

目標設定そのものを誤っているのだ。

行事は、終了した後しばらくして、その価値がはっきりする。

行事の前と後でその集団がどれだけ変容しているか。これだけが、体育祭や合唱コンクールの評価規準である。

変容がない、あるいはより悪化したのならば、その行事に価値はない。何時間も授業をつぶしてまで行うほどの価値がなかったということだ。

かの東井義雄先生の学校では運動会の「職員反省」が三カ月後に行われていたと知った。さすがと言わざるをえない。

さて、A子のスピーチである。

観客の心を鷲掴みにした、まさに魂のスピーチだった。紹介する。

◆私達一Aは、掃除や給食、朝読書など日常生活を大事にしている。一人ひとりがちゃんとコミュニケーションを取っていくことも心がけている。

日常生活をしっかりやっていれば、合唱など集団で一つのことを行う時も、まとまってできる。

また、ささやかなことを大切に生活していく中で、直接自分の利益にならないことでも自分のことのように力を尽くせる人が生まれてきた。

九月に行われた体育祭では、時間の許す限り、練習をしっかりやったつもりだった。しかし、一回一回で無駄なトラブルが起きた。それぞれのわがままにふりまわされた。

長縄で百回を超えられなかった時、私たちは泣いた。

一生懸命やらなかったという悔しさがあったからだった。

ほんとうの意味で、「同じ方向を目指す」ことができなかった。

私たちはまだ、本当の「仲間」ではなかった。

行事は、その後の生活の質が高まってこそ意味があると、長谷川先生に学んだ。先生は四月から何十回何百回と、教えてくれた。

自分の事情より他の人のために動くことを優先する、利他の心。

練習は量ではなく、一回にどれだけ真剣に取り組んだかが大事であること。

傷つくのを恐れて安全地帯に自分の身をおいて、言うべきことを言わずにいては、友情なんて芽生えやしないこと。

人間の価値は言葉ではなく、その人が何をしているか、つまり行動にあるということ。人は、行動している人をこそ信用するのだということ。

そして、「相手に勝つより、自分に克て」ということ。

十一月。私たちの合唱に、敵はいない。

「どこどこに勝とう」という話を、先生はしたことがない。

「合唱は芸術だ。芸術は競い合いじゃない」と教えてくれた。

私たちの周りに敵はいない。応援してくれる、味方なら、たくさんいる。

それは、いまはまだ未熟であっても、日常生活を大切にし、一Aの看板に恥じない生き方を、それぞれがしてきたからだ。

どんな敵にでも勝つことが、「無敵」なんじゃない。

「敵がいない」ことが、「無敵」なんだ。私たちはその道を歩みたい。

一Aの歌う「明日へ」は、二年生用の曲だ。変声期を迎える前、あるいはその最中の私たちには、とても難しい曲だ。ではなぜチャレンジしたのか。それは、未来を考えて、土台を築くためである。

私たちは中三で、秩父郡市の代表となり、県大会に進みたいと真剣に考えている。

郡市の代表として恥じない生き方をするために、今から、自分を鍛えている。

本物の友情をつちかいたいと、願っている。

文化祭で賞をもらえればたしかにうれしい。でも、「賞状」は紙切れにすぎない。合唱よりも大切なことを考え、行動し続けてきた学級は、賞状よりも大切なものをすでに、手に入れているだろう。勝ち負けばかりを追い、大切なことを置き去りにした学級は、たとえ賞状をもらっても、それがその後に生きることはないだろう。

私たちは、前者でありたい。

合唱はゴールでなく、通過点の一つにすぎないからだ。

一人ひとりが高篠中学校の看板を背負っている。

日々、その重みを自覚して、日常生活を大切に、生きていきたい。

「賞状の出ないところで一番になれ」

先生に学んだ、この言葉を胸に。◆

この子は、小学校時代「悪」だった。「自分は本当に悪かった」と自身が何度も言っていた。

しかし、一年間で、ここまで成長するのだ。

教育の力によって、である。

それから一年後。中学二年になった長谷川学級は、学校代表として郡市大会に進んだ。学校の看板を背負っていることを自覚し、精一杯歌い上げた。

同じ時期、この女子は生徒会長選に立候補する。対抗馬の男子二人を破って当選、学校立て直しの先頭に立ち行動し始めた。

2　三年生が泣いた、一年生の合唱

コンクール当日の、私のダイアリを紹介する。

■合唱部門、わが学級の出番は二番手。
「全員参加」達成。

歌う姿を見て、音楽教師はまた泣いた。

歌い終わった子どもたちも、泣いていた。

校長の指示で、終了後三十分間、全学級で作文を書かせた。

複数の三年生が、わが学級のスピーチをとりあげ、書いたという。

この子たちもまた、A子のスピーチを聞き、わが学級の合唱を見て、涙が止まらなかったのだという。

昨晩の慰労会で担任が知らせてくれた。「来週ぜひ読んで欲しい」と。

中三が中一の合唱を見て、コンクール開始すぐから泣いている。

こんなこと、私は初体験だ。

保護者からもたくさんの声が届いた。

「完成度に衝撃を受けた」

「あの子たちがあんなにも本気で歌っているなんて」

「人間の成長を目の当たりにしました」

十三歳の子どもたちの本気のメッセージが、上級生の、教師の、保護者の心を揺さぶった。■

コンクール一週間前の学級委員会会議において、学級がまとまらずに困っていると述べた上級生に、わが学級の子どもが言ったという。

「合唱は、目的じゃなくて、手段なんですよ。合唱を上達させることが目的になっちゃ駄目なんですよ」


同僚が、「びっくりしたよ！」と報告してくれた。

「長谷川さんは、日ごろからそうやって教育しているんだね」

たしかに、子どもの言葉は私が常々語っていることである。

合唱が上手いのが、なんなのだ？

金賞を取ったから、なんなのだ？

なんだかんだ言っても、それは、教師の見栄に子どもをつき合わせているだけじゃないのか？

あれやこれやの目的は、「後付け」の代物じゃないのか？

「勝利」ばかりを目指して突き進んでいる集団を見ると、こちらが恥ずかしくなる。

私はそういうのに惑わされたり、ごまかされたりすることはない。

たとえ下手でもいいのだ。音程がずれてもいいのだ。

「全員」で歌うことにこだわって、歌わない子や、荒れている子や、不登校の子に対して、一人ひとりが自分にできることを考え、やっていく。

そこにどれだけの困難があっても、あきらめずに行動をし続ける。

そして当日、全員で歌う。

全員参加・全員本気・全員成長

これが私の行事指導の目的だ。私の目的は、合唱の上手い下手のはるか上にある。

結果として達成できなかったとしても、直前まで「全員」を目指して力を尽くしたのなら、その集団、その学級は大きな成長を実現したということだ。

そういう子どもたちをこそ、私は心の底から認め、賞賛する。

教師がそのように生きていると、しぜん、子どもたちの合唱は人の心に響くものになっていくのだ。

本番八日前の放課後練習で、音楽教師が大泣きした。これも私には初体験であった。

彼女が大泣きしたのは、子どもたちの合唱への努力に感動したのではない。

一所懸命歌っている姿に感動したのでもない。

自分の抱える問題を二の次にして人に尽くし、さまざまな「事情」を抱えて苦しんでいる級友のために働き、困

難を乗り越えて笑っている、

仲間であること

その事実に、胸を打たれたのだ。

本番当日、わが学級のスピーチを聴き、合唱を聴いて涙した三年生もきっと、そうであったにちがいない。

3　それは、担任の責務である

どの学級の合唱を見るにせよ、私は合唱する子どもたちの、その後ろに何が見えるかを考える。その子どもたちが何をどう積み重ねてきたのか。それを見取ろうと努める。

その学級が成長したか否かは、コンクール翌日に分かる。一週間すれば、はっきりする。一カ月すれば、歴然とした差となる。何気ない日常の場面に、はっきりと表れる。


合唱は目的を達成するための手段なのであり、コンクールは「始まり」なのである。


私は何度も何度も、この一点を語る。手を替え品を替え、教える。

子どもたちはそれを理解する。

ある生徒は、次のように表現した。

「長谷川先生は、見ているところがちがう。目指している地点がちがう」


中学一年生の言葉である。

コンクール以後、私はこの学級を叱ることが一度もなかった。叱る必要がない集団に成長した。

彼らは熱を冷ますことなく、三月の三送会に向けて、初めての学級演劇に向けて、「一人残らず全員」を実現するために考え、動き出した。

十二月、二学期終了式後の学活で、子どもたちは私に向けて合唱と呼びかけをしてくれた。泣きながら、二学期の出来事、学びを言葉にしてくれた。

三月の解散学活。全員が泣いた。大泣きしながら合唱をしてくれた。一年間をぎゅっと凝縮した呼びかけを、贈ってくれた。

その呼びかけの言葉の中には、これがあった。


何のための合唱なのか。何のための行事なのか。何のために努力するのか。その努力は正しいのか誤りなのか。


教えるのは、担任の仕事である。

実現するのが、担任の責務である。


（長谷川博之）

二　あらゆる活動で「指名なし」を貫く

クラス合唱を練習するとき、歌う生徒は歌うし、歌わない生徒は歌わない。悪くすれば、練習中私語やだらだらした態度でクラスの練習の足を引っ張る生徒が出るという現象が起きる。私のクラスではそういう現象が起こったことがある。コンクール当日に向けて手だてを打って、全員が歌えるようにもっていくのだが、もっと早い段階から手を打てないかと考えてきた。サークル代表の長谷川博之氏の実践から、有効な手だての一つに、「指名なし朗読」「指名なし発表」「指名なし討論」というものがあることを学んだ。

「自分を表現するのは楽しいな気持ちいいな」という体験をそれまでにどれだけさせてきたかということである。そうした経験の積み重ねにより、何人見ていようが、五百人、六百人いようとも自分を表現できるという結果になると考える。その一つとして「指名なし」がある。

これは、長谷川氏の言葉である。機会をつくってほめたり、発言したくなるような授業をしたりすることや、クラスの中で活躍させることで、表現する心地よさを体感させていくことが、生徒に合唱でも頑張ってみようかと思わせるのだろう。

中学生は、意図しなければ、明瞭な声で返事をしたり発言したりしなくなっていく。それは、残念なことである。だから、合唱で全員が全力で歌えるようにするためには、四月の出会いの段階から、仕組んでいく必要がある。

この「指名なし」というのは、向山洋一氏が国語の討論指導の中で実践してきた内容である。『向山型国語教え方教室』(二〇〇四年三—四月号、No.〇一八、明治図書)巻頭論文に、向山型国語の実践整理として、向山氏が自ら書いている。本来は、国語指導の内容だが、指名されてではなく、自分から声を出し、表現するということを長谷川氏が合唱指導に生かしてきたのだと分かる。

一、中学生を動かすには趣意説明が必要。ことあるごとに、次のようにクラスで語った。

(一) 全員発表の意義

できる人だけ努力するだけではだめだ。一人ひとりが「できる」、「やる」という自立した人が集まってこそ、集団の力が高まる。「俺はいい」という人がこのクラスにいるが、本当にそれでいいのか問いかける。次からの発表するとつく力について語ることで、その生徒に努力を放棄することはいかに自分の成長の可能性を狭めるかに気づかせる。

(二) 発表できるとつく力

① 人前で大きな声で話す力・表現する力

中学を卒業しても、人前で話すことは避けられない(授業中・委員会係活動・入試や就職試験・PTAや自治会活動など)黙って笑ってすませられない場面に必ず出会う。そのとき、人に聞き取れないような小さな声で話すことは、周りの人にとって優しいことではない。部屋の隅にいる人にも聞こえるように発表することが人に優しい行動である。それができないと身勝手だと人間性を疑われるかもしれないし、それまでの努力の足りない人間という評価を下されるかもしれない。

また、自己表現をすることは、表現した人にしか分からないが、気持ちのいいものである。緊張しながら、自分を外に出していく体験をすることで、表現することに慣れ、表現する力もついてくる。

②　自分で考える力

原稿が用意されている場合もあるが、たいていの場合、自分で原稿を用意するか、その場で考えて発表しなければならない。普段からものを自分で考える習慣がないと、とっさに自分自身が納得する考えが浮かばない。「分かりません」とか、「誰々と同じです」とか答えてお茶を濁そうとしてすむかどうか。自分が納得していないことを発言して人を納得させられるだろうか。「分かりません」とばかり答える人を周りの人は信用するだろうか。「誰々と同じです」と答えて、「どこがどういう風に同じか」と切り替えされたら、答えられるだろうか。答えはすべて否である。自分の考えを持たない人は、他者に認められない。試験の時、評価してもらえないのだから、自分の望む結果は得られないことになる。

③　人の話を聴く力（集中力・要約力・読解力）

一方的に話す場合でなく、他者の意見を聞いて自分の意見を話すような場合、右記のような力がないと、発言は難しい。だから、発言するために他者の意見を真剣に聞かなければならなくなる。聞き逃せないから集中力がつき、相手が何を言おうとしているか読み取り、相手の話を要約してそれに対する自分の考えを述べるという、数段階に及ぶ脳内の活動をする必要が出てくるので、力がつくことは言うまでもない。

④　説得力のある話し方

ただ、考えを述べるだけなら割と簡単である。では、自分の発言によって人の心を動かすことのできる発言はどうだろう。大きい声で言うのは当たり前として、大きい声で言えば通るというわけではない。同じ内容でも、間をおくとか抑揚をつけるとか、話し方の技というのも考えなければならない。その場の雰囲気というのもあるから、それも考慮しなければならない。命にかかわるような話をしているのか、楽しいレクリエーションの話をしているのかで、話し方が同じということもないだろうし、恥ずかしいから早口で一気に話してしまうというのもないだろう。話し方そのものの力も、人の話を聞いているだけでは、分かった気はするが自分でうまくならない。落語を聞いていて落語ができる力がすぐにつかないのと同じである。実際に何回も声に出して話してみて、それを録音して聴いてみてさらに工夫して練習するぐらいの努力をしないで、説得力のある話し方ができるわけはない。

⑤ 指名されて発表することとの違い

生徒に問うといい。「あなたが第三者としてこのクラスの状況を見るとき、指名されて答える生徒と、自ら立って進んで発表する生徒と、どちらが知的に(理解できないような状況なら、かっこよくに表現を変えてもいい)見えますか」この問いに生徒は、後者をあげる。中学生は自分たちを客観視できるのである。

二、国語の授業で

私は国語を担当しているので、自分のクラス以外でも国語の授業にいっているクラスでは指名なし全員発表の力をつけるよう心がけている。他の国語科教師にも授業に取り入れてもらえるように、新年度には教科主任を引き受けたり、授業を積極的に公開したりする。自分のクラスだけよければいいという考えだと、自分のクラスの生徒に「他者のためにできることをせよ」と言っている私の行動と合致しないことになり、信用を失う。自分が他者のためになると思うことは、すぐに効果が出なくても愚直にやる。そういう教師の姿を生徒は見て感じていると考える。

(一) ここでも趣意説明

(二) 音読・暗唱・朗読

(三)　書かせて発表（書いてあることなら安心できるので、発表しやすい）
(四)　返事・発表のルールの徹底（明確にしておくことで、何度も指示するような無駄な対応をしなくてすむので、より多くの発表の時間が作りだせる）
(五)　声の大きさ（個別評定して、本人が自分の声の大きさを自覚し、大きくするよう自ら判断できるようにする）

三、特活で

クラス全員が指名なしで発表できるために、誰でも容易に考えがもてる内容の課題を出す。指名なしで発表することを指示予告する。ノートに書かせる時間を確保し、全員がノートに書いたかどうか確認する。指名なし発表を指示する。立たないでごまかそうとする生徒を見逃さない。「まだ発表していない人は立ちます。発表したら座りなさい」最初の段階から、全員が発表するようにさせる。妥協しない。ここで一人でも許してしまうと、指示が通らなくなる。声の大きさについても妥協しない方がいい。そこまでやっても、他の教科の授業では人任せにしたり、小さな声で発表したり、笑ってごまかしたりする。教師が変わっても、堂々と全員が発表できるようにするのは並大抵のことではない。

(一)　一分間スピーチ（三十秒でもいい）決められた時間ちょうどに終わるように考え練習し準備できたかどうかが問題だ。
(二)　委員・係決め～年二回の機会。その委員・係になって何をやりたいか、自分の意志が表明できるかどうか
(三)　学級会で～学級目標をどうするか。生徒総会で提案することはないか。席替えをどうするか、染髪はなぜいけないか。使うと周りを幸せにする言葉と不幸にする言葉。運動会や合唱コンクールにどういう目標をもち

どう取り組むのか。クラスでボランティア活動をするか。学級レクをどうするか。学級の課題と解決策。新しい係の提案。

これらは、今年度の一、二学期に学級会でとりあげられた議題である。全員が意見を指名なしで発表するのが、当たり前になっているので、発言が続く。何を言っても馬鹿にされたり、笑われたりしないということは大前提である。表で発表せずに後で裏で何かを言ったり書いたりしていることを許さないということは、公言しておく。個人攻撃のような発言は許さない。クラスのために建設的な発言でなければならない。

説得力のある発言にみんながうなったり、感極まって泣きながら発言したりなど、いろいろなドラマがクラスで起こった。全員が発言し、聞いているので、自分の発言に責任をもつようになった。静かな生徒が、少しずつ大きな声で話せるようになった。表情のなかった生徒が二学期笑顔が見られるようになった。穏やかで控えめな生徒が、学級会で理路整然とした発言やクラスのためによく考えた発言をするのを聞き、クラスで信頼を集めるようになった。その生徒は自信をつけ、後期は学級委員に立候補し、今頑張っている。

研究授業では、全員が次々に発言する姿に、参観の小中学校の先生方が驚き、感心していらっしゃったことを生徒たちに伝えると、満足そうな顔でうなずいていた。ＰＴＡ学級懇談会では、保護者のみなさんに、生徒たちのそうした様子をお知らせし、保護者のみなさんもどうぞと促すと、指名なし発表が続いた。家に帰られて、食卓の話題になったそうである。

こうしてあらゆる活動で「指名なし」を合唱のために仕組み全員合唱につなげていった。

（高木友子）

三　趣意を語り、モデルを示す

1　合唱における趣意説明

自分が学生の時、行事というと「賞をとること」に重きを置いてきた。「優勝するためにはちゃんと団結しよう」「打倒○組」などという言葉も当たり前のように聞かれた。

もちろんそれは、「賞をとれれば他のことはどうでもいい」という考えばかりではなかった。しかし、「賞をとるため」に頑張ったという記憶が強い。

教員という立場になり、長谷川氏と出会った。優勝すること、賞状をもらうこと以上に、長谷川氏が言うような「その後の生活における質の向上」に視点がいくべきではないか。そういう考え方を持ち、生徒に伝えられる教師がもっと増えるべきではないか。そう考えるようになった。

長谷川氏の学級通信では、次のように書かれている。

> 体育祭や合唱の優勝が、何だというのだ。日常生活の質の向上につながらなければ、ただの紙切れじゃないか。
>
> （長谷川学級学級通信『共』二〇〇八年、二四八号）

このように言い切れる教師が、それを心から信じて行動できる学級が、一体どれだけあるだろうか。

長谷川氏は毎年学級で次のように語る。

行事の価値は、その後の日常生活における質の向上、その一点によってのみ測られる。（文責・星野）

何のために合唱をするのか。行事があるのか。

それは、学級の成長、個人の成長のためだ。そして、その成長とは、合唱の前後にのみ取り組んだからといって真に得られるものではない。四月からその学級が積み重ねてきたものの延長上に、合唱という手段を使って開花させるものとしてあるのだ。

これを生徒に伝えることが、合唱における「趣意説明」だと言える。行事の意義を伝えるのだ。

そして、この趣意説明は、四月、早い段階から繰り返ししていく必要がある。黄金の三日間と呼ばれる、始業式から最初の三日間はもちろんのこと、日常生活のちょっとした場面で。できていたことを褒め、「日常の積み重ねが大切だ」ということを生徒たちに語っていく。

自身の学級通信にも、次のように繰り返し書いている。

◆学校生活の一日一日を大切にして過ごしてほしい。イベントや行事などはめいっぱい楽しく、積極的に取り組むことはもちろん、毎日の生活という日並みの積み重ねの上に、大きな大きな花を咲かせてほしい。

◆掃除をやる、提出物をしっかり出す、給食の準備・後片付けをテキパキやる。そういったことがきちんとできなければ、賞状をどれだけたくさんもらっても、体育祭で優勝しても、何の意味もない。大切なのはそういうことではない。質の高い生活・学級を目指したい。

◆今日の学年便りに載っている、クラス委員からの決意。７組「賞状の出るところはもちろん、出ないところでも一位を目指します」一学期から繰り返し、伝えてきたこと。それが、こういった場面で出てくること、そして、実際の取り組みとしても見られるようになってきたこと。本当に嬉しいです。きっといい体育祭になります。

生徒に繰り返し語り、何が大切なのかをインプットしていく。そして、誰よりも教師自身がその姿勢を見せ、行動していく。いくら合唱の直前になって前述したようなことを生徒に伝えたとしても、そういった日常生活を送っていなければ、生徒に響かないからだ。

行事の前ばかり「頑張ろう」と伝えても、長谷川学級のような本物の合唱にはならない。

2　モデルを示す

ある年の五月、長谷川学級の生徒が書いた文章を学級で紹介した。長谷川学級の生徒が合唱の前にスピーチをしたという、クラス紹介の文章の原稿だ。

◆私達一Aは、掃除や給食、朝読書など日常生活を大事にしている。一人ひとりがちゃんとコミュニケーションを取っていくことも心がけている。

日常生活をしっかりやっていれば、合唱など集団で一つのことを行う時も、まとまってできる。

また、ささやかなことを大切に生活していく中で、直接自分の利益にならないことでも自分のことのように力を尽くせる人が生まれてきた。(中略)

行事は、その後の生活の質が高まってこそ意味があると、長谷川先生に学んだ。先生は四月から何十回何百回と、教えてくれた。

自分の事情より他の人のために動くことを優先する、利他の心。

練習は量ではなく、一回にどれだけ真剣に取り組んだかが大事であること。

傷つくのを恐れて安全地帯に自分の身を置いて、言うべきことを言わずにいては、友情なんて芽生えやしないこと。

人間の価値は言葉ではなく、その人が何をしているか、つまり行動にあるということ。人は、行動している人をこそ信用するのだということ。

そして、「相手に勝つよりも、自分に克て」ということ。（中略）

文化祭で賞をもらえればたしかにうれしい。でも、「賞状」は紙切れにすぎない。合唱よりも大切なことを考え、行動し続けてきた学級は、賞状よりも大切なものをすでに、手に入れているだろう。勝ち負けばかりを追い、大切なことを置き去りにした学級は、たとえ賞状をもらっても、それがその後に生きることはないだろう。

私たちは、前者でありたい。


合唱はゴールでなく、通過点の一つにすぎないからだ。

一人ひとりが高篠中学校の看板を背負っている。

日々、その重みを自覚して、日常生活を大切に、生きていきたい。

「賞状の出ないところで一番になれ」

先生に学んだ、この言葉を胸に。◆

（前掲学級通信第三七七号・囲みは星野による）

自分の学級でも、四月から、「日常生活の大切さ」「行動することによって信用されること」「賞状よりも大切なものがあること」を学級で伝えてきた。あるときは、学活で語った。あるときは、道徳の授業で、日常の積み重ねや、前向きな考え方などを題材に授業をしたこともあった。学級通信では、「賞状の出ないところを大切にしよう」と伝え、掃除や給食、朝読書、人への気遣いなどの行動を見つけては褒めた。家庭にも知らせ、学級懇談会や家庭訪問でも、大切にしてほしいこととして話をした。

そして、何よりも自分が、日常の生活を大切にしてきた。生徒とのかかわり。掃除や給食では生徒以上に動くことを心がけた。

多くの生徒がそういった言葉を聞き、周囲の行動をみて、動いてきてくれた。しかし、担任である自分自身の生き方がまだ足りないのであろう、どこか「やらされている」雰囲気があったように思う。

そこで、合唱に本気で取り組む学級のモデルを見せたいと思い、長谷川学級の生徒の文章を見せたのだった。

当然、この文章を読んだ生徒たちは衝撃を受けた。

同じ中一とは思えない考え方。そして、その考えを表現する文章能力。

四月から、担任である自分が長谷川学級をイメージして語り続けてきたこと、示し続けてきたことが凝縮された文章。

生徒たちも少なからず、今まで自分たちが努力してきた方向が間違っていないということを感じたようだった。

そのときの生徒の感想を一部、紹介する。

◇学級通信で同じ中一の人が書いた文を見ました。同じ中一とは思えないくらい、大人が言うようなことを書いて

いました。今から自分にあの文を書けと言われてもおそらく無理だと思います。どちらの学級も、今の七組にはない「何か」がある気がします。

今年度が終わるときには、あの学級のようなクラスになっていればと思います。そのために、自分ができることを精一杯やりたいと思います。

◇一番心に残ったのは「大切なことを考え行動し続けてきた学級は、賞状よりも大切なものを手に入れられる」という言葉です。賞状は紙切れにすぎない。だから、賞状の出ないところで頑張り、一番になれば賞状よりももっと大切なものを手に入れられる。

僕も、失敗をおそれず「自分に厳しく、人に優しく」「行動」していきたいです。

合唱の前に、学級としてのあるべき姿、合唱への考え方となるモデルを示したことになる。その後も、ことあるごとに日常生活の大切さ、行動することの大切さを語り、示してきた。

そして、二学期、合唱の練習シーズンを迎えた。

3　優勝することが目的ではない

学級で合唱練習がスタートしたのは十月初旬。個人個人にＣＤと練習回数を記入する用紙を配布し、練習回数をチェックした。個人練習を促すとともに、その練習の目安を具体的にすること、努力の跡を目に見える形で残すこと、頑張っている生徒を褒めることなどが目的である。

合唱の映像は、昨年度の三年生の映像と、他市の小学六年生の映像を見せた。

長谷川学級のような圧倒的なモデルは示せないものの、映像を見せながら、歌のうまさ以外に感じてほしいこと、自分の合唱に対する考えを語った。

「合唱のために、コンクールのために歌うんじゃないんだよ」

「合唱を終えた後の学級の姿が、行事で得たものを表していることになるんだ」

「このクラスで、このメンバーで、自分を表現することの楽しさを感じてほしい」

コンクールとなれば、生徒たちは放っておいても、「優勝目指してがんばろう」となる。それが普通だ。優勝を「目標」にすることはかまわない。しかし、優勝することが「目的」になってしまっては意味がない。そのことを教えることができるのは教師以外にいない。

> 合唱はゴールではない。四月からの通過点の一つにすぎない。

ことあるごとにこのことを伝えてきた。学級内でのトラブルや、学級閉鎖に伴う日程の変更もあったものの、それぞれが努力して、練習を積み重ねてきた。そうやって迎えた、合唱コンクール当日。

合唱前、実行委員によるクラス紹介では、ほとんどのクラスが曲の説明や、「優勝目指してがんばります」という言葉に終始した。

その中で、自分のクラスでは最初に次のような言葉が実行委員から発表された。

> 「私たち七組は、優勝することだけを目的にしたのではなく、日々の練習や日常生活を一生懸命やってきました。練習も、どのクラスよりも一生懸命やったと思います」

今まで自分が語り、示してきたことがこうして伝わっていたこと。その重要性を理解してくれたこと。それをクラス紹介の中で文面として入れようと考えてくれたこと。嬉しいクラス紹介だった。

残念ながら、コンクールで賞をもらうことはできなかった。大切なのは賞ではないと分かりながらも、努力した結果として形に残してやりたかったという思いはある。しかし、感想の中に次のような言葉があったことは、少なからず行事の意味があったしるしではないかと思っている。

◇もともと歌は好きじゃなかったけど、学級で歌うのがこんなに楽しいのかと思えた。今後の生活に生かしたい。

（星野優子）

第Ⅱ章 専門外でもできる！ 合唱指導のスキル習得

一 集団を動かす原則1 目標を設定する

1 ゴールのイメージを教師自身が持つ

初めて長谷川学級の合唱映像を見た時、鳥肌が立ったのを覚えている。ものすごい声量。体全体を使った表現。一人ひとりの表情に力がある。男子も、女子も、まさしくそこにいる全員が全力で歌っていた。圧倒的な迫力であった。なぜ、あのような合唱ができるのか。長谷川氏の学級通信から分析する。

次は、十月に発行された学級通信の一部である。

> 私が子どもたちを合唱に取り組ませるのは、学級の団結が最終目標なのではない。団結とは結果である。最終の目標は、人前で自分を表現することの素晴らしさを体験させることだ。その場その場に適した形で、自分の思いや考えを表現する力を育てることだ。
>
> （長谷川博之二〇〇五年度学級通信『共』第二二九号）

なんのために合唱をするのかという目的を、教師自身が、明確に、強烈に持っていることが分かる。

向山氏は著書『子供を動かす法則』の中で、子どもを動かす原則として次の三つを挙げている。

（1）やることを示せ
（2）やり方を決めろ
（3）最後までやり通せ

（向山洋一『子供を動かす法則』明治図書、二九、三〇頁）

さらに第一原則「やることを示せ」において次の技能が必要とある。

（1）目標場面を描ける。（だから、ロマンに満ちた想像力と創造力が両方、豊かな人がいい）

（向山洋一『子供を動かす法則』明治図書、三二頁）

長谷川氏はステージの上で子どもたちが全力で歌っている姿を具体的にイメージしているはずだ。そして、そのことでどんな力をつけたいのかを持っている。だから、指導が一貫していてぶれない。それも合唱直前のことだけではない。次は、四月始業式に配布された通信創刊号の一部。

最も楽しみなのがこれです。日々の授業やたくさんのイベントを通して、学年全員が自分への自信を育て、自分をせいいっぱい表現する喜びを知ること。（中略）１年間、私はささやかな努力を継続することの大切さを語りつづけます。私の目は３年後、卒業式に臨む君たちの姿を見据えています。ゴールの地点に向かって、今日この日から様々な布石を打っていくのです。

（長谷川博之二〇〇五年度学級通信『共』創刊号）

合唱の時だけではなく、四月の当初からゴールのイメージを持っていることが分かる。そして「今日この日から様々な布石を打っていく」とある。四月の出会いからすでに始まっているのである。

合唱直前にだけ、一生懸命やるのとは違う。そこにたどりつくまでに教師がどんな手立てを打てるかにかかっている。次のような通信もある。

四月から十一月までにその学級が積み重ねてきた努力の質と量で決まる。（中略）コンクールは四月に始まっていたのだ。

（前掲学級通信、第二二五号）

貴重な、価値あることを教えるのは思いつきやその場限りの指導ではダメだ。本来の教育とは意図的・継続的な試みであるからだ。

（前掲学級通信、第一八七号）

以前、長谷川氏が講師を務めるセミナーのＱＡ講座で次のようなＱがあった。「合唱を歌わない生徒にどう対応すればよいのか」。氏は「そのことだけに対処しようとしても上手くいかない。その他の日常に何か原因があると考える」（文責・大木島）と答えた。

合唱の時だけやらせようとするから、上手くいかない。また、一見上手くいっているように見えても、合唱後に子どもたちが変化しない。やはり日常を大切にし、先を見据え、意図的・計画的に布石を打っていくことが必要なのだ。

では、氏は四月からの布石として何を行っているのだろうか。先の通信創刊号で氏は、次の二点を挙げている。

> 「自分をせいいっぱい表現すること」
> 「ささやかな努力を継続すること」

この二点を意識した活動を普段の授業やイベントの中に仕組んでいる。

「自分をせいいっぱい表現すること」たとえば、指名なしや討論の授業。生徒が次々と自分の意見を言う場面が通信にも登場する。そして、繰り返し登場するのがスピーチだ。第一回は四月に行われている。

> 予告どおり指名なしスピーチ大会を行った。最初なので、次の配慮をした。（1）制限時間を三〇～四五秒と甘くしたこと。（2）どうしても、という場合メモを見てもよいこと。「最初なので」と書いた。つまり、次からはこのような配慮はなし、である。

第一回のスピーチ大会を終えての生徒の感想。

> 私は、ぜんぜん自信がなかったので一番にやりました。すごくきんちょうしたけどたのしかったです。
>
> （前掲学級通信、第二三号）

次は、三学期最後のスピーチ後の生徒の感想。

> 面接まで後2年。今なら少し自信が持てる。スピーチのおかげ
>
> （前掲学級通信、第二四号）

生徒の感想が変化しているのが分かる。普段の授業で、スピーチで、意図的に成功体験を積ませている。そして、人前で表現することの楽しさを味わわせている。それが、合唱へとつながる。思春期のそれも荒れた生徒たちだ。合唱で、皆と一緒に歌うことに抵抗がある生徒がいて当たり前だ。その抵抗を様々な活動を通して、少しずつ、少しずつはいでいる。それが合唱への「布石」となる。次は、合唱前、九月の通信。

> 一人ひとりが成功体験を積むことで自分という存在に自信を持ちつつある。だからこうして自分を表現でき
>
> （前掲学級通信、第三四七号）

るように育っている。学校教育で最も大切なことは生きる自信を育てること。それが私の信条。

（前掲学級通信、第一八七号）

もう一つの布石。「ささやかな努力を継続すること」。

このことを最もよく表す言葉が通信に繰り返し登場する。

「賞状の出ないところで一番になれ」言い換える。誰に評価されなくとも、ささやかな一つひとつに努力し続けよ。

（前掲学級通信、第九八号）

長谷川学級を貫く言葉でもある。

このことに関して、長谷川氏は厳しい。続けること、努力を続けることを繰り返し語っている。例えば、日記。

しつこいようだが、あえて書く。日記を書け。そして、提出せよ。

日記を「丁寧に」「書き続ける」ことで得られるものは計り知れない。

一定時間、一定量を、毎日毎日、たとえ熱が出ても続けること。

（前掲学級通信、一七二号）

日記以外にも日々の掃除、係活動など、様々な場面で氏は時に厳しく語っている。繰り返し、繰り返し、語り、氏が手本となって示し続けることで、努力を継続する生徒が現れてくる。そのことを通信に載せて褒めている。たとえば、日記を継続して出している生徒の名前を通信に載せるなどである。

合唱までの間に、「努力すること」「続けること」を語り続け、褒め続ける。そうして、「努力し、続けること」は大切だという大枠を生徒の中につくっていく。その過程で継続して物事を続ける生徒が一人、二人と出てくる。その生徒が核となり、行事等でも活躍していくようになる。ＣＤが擦り切れるほど家で練習する生徒。眠ったまま指揮の練習をする生徒。そのような本気な生徒が現れ、他の生徒に伝播し、全員が本気の合唱になっていく。

そのようなイメージを教師が持ち、そのための布石を四月から打っていくのが長谷川氏の合唱指導だ。

2　目標を共有化する

圧倒的な迫力で、全員が本気になって歌う長谷川学級の合唱。しかし、最初からそのように生徒が歌うわけではない。小学校に学級崩壊を経験した、荒れた生徒たちだ。小学校の卒業式で、校歌を歌わないどころか、起立すらしなかった生徒が何人もいたという。彼らの持つ合唱のイメージは「面倒くさく」「かっこわるく」「恥ずかしい」ものである。大きな声で、全身で、本気になって歌う姿など想像できない。

長谷川氏はその概念を崩すことからスタートしている。始業式のことを書いた通信。

> まずは昨年度担任した学級の合唱ＤＶＤを流した。ゴールのイメージ、目標のイメージを最初の日に持たせたかったからだ。

（前掲学級通信、第六号）

氏の持つ合唱のイメージを映像として見せることで、生徒にもゴールのイメージとして持たせている。ポカーンとする生徒もいたという。しかし、その中に「合唱ってかっこいい」「自分たちもやってみたい」と感想を持つ生徒が出てくる。長谷川氏はこのゴールのイメージと、何のために行事があるのかということを繰り返し語り、生徒と目標を共有化している。そして、氏はこの目標を『全員の子ども』のものにすることにこだわる。

最初に二学期の心構えと学級目標をバシッと話した。体育祭、文化祭の方針を一言で表した。「勝負にこだわり、結果にはこだわらず」練習段階では優勝にとことんこだわって一生懸命やる。当日もせいいっぱいやる。だが、結果にはこだわらない。運動が苦手な人も、歌が苦手な人も、自分に出せるだけの力を出し切る。悔いを残させない。せいいっぱいやっているのなら、周囲はその人を責めやしない。そう話した。これをひと言で示せばこうなる。「全員参加、全員成長」

（前掲学級通信、第一五五号）

長谷川氏の合唱はこの言葉どおりだ。手を抜いている生徒がいないのだ。一部の生徒が一生懸命やっているのとは違う。スキンヘッドの子も、小学校時代いじめをする中心にいた子も、おとなしい女の子も、全員が本気で歌っている。だから感動する。鳥肌が立つ。目標を全員のものとするため、氏は日常から様々な場面で繰り返し、繰り返し、語り続けている。たとえば次のように。

賞状は氷山の一角。海面下にはその何倍もの努力がそびえ立っているのだ。努力した人には感動が訪れる。努力しないで取った勝利など何の意味もない。それこそ「ただの紙切れ」に過ぎない。

（前掲学級通信、第九八号）

行事の価値は行事後の生活態度の変化に表れるというのが長谷川の持論だ。そこを抜きにして金賞を喜ぶのは、本末転倒となる。私から言わせればそれは、「死んだ金賞」となる。

（前掲学級通信、第二五一号）

このような語りを繰り返すことで、生徒の中に浸透していく。だから、長谷川学級では、「行事の時だけやる」ということがない。優勝、金賞だけが目標となり、「ミスを責める」ということがない。級友が歌わないのを「見て見ぬふりをする」ということがない。体育祭後に、「生徒が自主的に校庭に落ちたゴミを拾ってまわる」という事実が生まれる。

繰り返し語り、手立てを打ち、成功体験を積ませる中で、子どもたちが変化していく。教師の思いを共有していくことになる。

3　歌わない生徒にどうするか

「全員参加、全員本気、全員成長」長谷川氏が常に意識しているという言葉だ。しかし、相手は思春期のそれも、荒れた生徒たちだ。語っただけで、褒めただけで、叱っただけでは動かない。氏はどのようにして、全員を参加させているのか。通信から探る。

(1)　成功体験を積ませる

長谷川氏は、授業やスピーチを通して、意図的に成功体験を積ませる。自分が変わった、成長したということを体感させる。自分を伸ばしてくれる人の言うことは、「やってみようかな」「信じてみようかな」と思うはずだ。

かつて長谷川学級に視写を六百日続けた生徒がいる。新聞のコラム欄を毎日、毎日ノートに書き写していったのだ。最初は一時間以上かけて書いていたが、続けるうちに、三十分、十分と視写にかかる時間が短くなっていった。写すスピードが速くなっていったのだ。それに伴い、オール1に近かった学力も徐々に上がっていく。そして、視写を続けて三百日たったころ、長谷川氏のもとに両親から分厚い手紙が届く。この生徒は生まれつき障害があり、手が不器用であったという。しかし、視写を続ける中で自信を持ち、障害が回復されてきたのだ。そのことを医者から伝えられた両親は深く感謝し、御礼を手紙に綴ったのだ。私が大好きなエピソードの一つだ。

この生徒の努力がすごい。新聞のコラムを視写するというのは大人でも大変だ。それを、毎日毎日、六百日続けるのだ。いくらそれが良いと分かっていてもできるだろうか。たくさん褒められてもできることだろうか。

この生徒は「続けることで、自分が変われる」と信じていたのだろう。それは、授業を通して、スピーチを通して、小さな成功体験を積み、小さな変化を感じていたからだろう。だから、長谷川先生の言うことを信じてやってみようと思ったのではないか。

他の生徒も同様に、授業を通して、学級を通して、小さな成功体験を、自分の成長を感じていたから、長谷川氏の言うことを信じてやってみようと思ったのだと考える。

(2) 級友の成長を感じさせる

長谷川学級では行事などに際して、最初に「核」となって動く生徒が登場する。その生徒に対して、氏は徹底的に褒め、連帯し、力をつけている。たとえば五月最初の通信。

> 川越旅行のバス車内でレクをやる係を立ち上げたのは次の2チームだ。（中略）何度も言うが、長谷川学級で何かをやりたければ、やりたい人が係を立ち上げ、企画書を書き、会議に提案しなければならない。
>
> （前掲学級通信、第八七号）

長谷川学級ではレクをやりたくば自主的に企画書を会議に提案しなければならないルールになっている。初のレク企画、提案したのは二チーム。それぞれ、三名と四名（全員女生徒）なので、提案者はクラスの一部のみ。長谷川学級でも最初に動くのは（この通信は五月発行）クラスの一部の生徒だけである。しかし、この後が普通の学級と違う。このように率先して動いている生徒を引っ張り上げ、意図的にリーダーに育てていく。そのことが次の文で分かる。

> 主として提案したＡとＢ（共に子どもの名前）は、立派だった。最初だからまだまだ足りないところがある

のは当然だ。その点を考えても、十分合格点をあげたい出来だった。何より、教室全体に通る声ではっきりと受け答えをしていた。突っ込んだ質問、難しい質問、ポイントのずれた質問にもちゃんと対応しようとしていた。質問するのは楽だ。そこには責任も生じない。責任者として提案するのはその何十倍も苦労し、緊張する。だからこそ、力がつく。今回提案した人達には、次回の会議までに司会の技術を数点教えるつもりだ。

（前掲学級通信、第八七号）

企画をしてきた生徒の提案はどうだったのだろうか。「最初だからまだまだ足りないところがあるのは当然だ」とある。さらに、「突っ込んだ質問」も子どもから出たとある。おそらくあまり上手くいかなかったと考えられる。『せっかく企画し、（立候補し）やってきたのに、上手くいかなかった』という場面だ。ここで終われば、失敗体験を積ませることになってしまう。『企画（立候補）などしなければ、良かった』と思わせてしまう。これでは、リーダーは育たない。立候補させた後が重要だ。長谷川氏はどうしたのだろうか。右の文でもいくつかの手立てを打っていることが分かる。

①　やってきたことを褒める

「十分合格点をあげたい出来だった」「何より、教室全体にとおる声ではっきりと受け答えをしていた」内容はいったんおいて、良かった点を全体に伝え褒めている。さらに、「質問するのは楽だ。そこには責任も生じない」とある。間接的にやったことだけでも素晴らしいということを伝えている。

②　労をねぎらう

上手くいかなかったことで、『苦労したのに…』と子どもは思う。そこを、教師がくみ取っている。「責任者として提案するのはその何十倍も苦労し、緊張する」この言葉で救われる子もいるはず。

③　全体に波及させる

今回の提案者は一部である。その提案者に対して、批判的な意見や厳しい意見もあったと考えられる。「質問するのは楽だ。そこには責任も生じない」提案をしない生徒を暗に批判している。傍観者でいてはならないというメッセージがある。

④　やってきた生徒に力をつけ、成長させる

「今回提案した人達には、次回の会議までに司会の技術を数点教えるつもりだ」ここが普通の学級と長谷川学級の一番の違いだと考える。氏が身をもって教え、立候補した人を成長させる。周囲の生徒は、立候補した生徒が成長する姿を見ることになる。リーダーになることで成長できると分かっているから、多くの場面で、様々な生徒がリーダーになる。毎回、決まった人がどんな場面でも主役になるというのとは異なる。演劇にクラスで一番おとなしい女の子が主役に立候補したというエピソードがある。主役になることで、自分が確実に変われると思っているから立候補する。

次は、合唱の伴奏者を決める場面。

> 伴奏に立候補するのは、「学級のためにやってみよう」という気概のある人だ。進んで茨の道を選択するのだ。私はその人を心の底から尊敬する。
>
> （前掲学級通信、第一四七号）

体育祭を終えての通信。

学級活動の様々な場面で自分よりも集団を優先する判断ができる○○（生徒の名前）。俺が尊敬する人間の一人だ。

（前掲学級通信、第一九〇号）

○○（生徒の名前）には何度か厳しいことを言った。リーダーとしての心構えを教えた。彼女は最後の最後までついてきてくれた。だから二週間で一歩も二歩も前進した。

（前掲学級通信、第一九一号）

このような経験を通して、最初に動いた生徒は力をつけ、成長していく。伸びていく級友を目にした周りの生徒は、その姿に憧れ、自分もと動いていく。このようにして、活動が全体に波及していくことになる。やがて、自分のことだけでなく、級友のことを気にかける生徒が出始める。やらない生徒、気がのらない生徒にぶつかり、訴えかけていくことになる。

(3)　行動で示す

彼らが最も嫌うのがこれです。「大人の言行不一致」口先だけの大人、約束を守らない大人には完全にそっぽを向きます。たとえば、「本を読みなさい」というのならば大人も本を読まなければなりません。（中略）たとえば、「勉強しなさい」というならば、大人もまた、勉強をする必要があります。言い訳はどうとでもできましょうが、言い訳せず、逃げずにいることです。言葉でなく、行動で示すと、子どもは変わっていくのです。

（前掲学級通信、第四一号）

私もこの土日、ミューズパークで五十回ほど歌った。外で歌うのはさすがに気が引けるので、車の中で、CDを流して大きな声を出した。おかげで男性パートだけでなく、ソプラノもアルトも完璧だ。この一週間、とにかく合唱を第一に考えていく。行事というのは思いっきり情熱的に取り組まないと意味がない。

（前掲学級通信、第二四五号）

日々心している言葉がある。

『やってみせ、言ってきかせて、させてみせ、ほめてやらねば、人は動かじ』

昭和の初期、日本軍連合艦隊司令長官兼第一艦隊司令長官として任務にあたった山本五十六の言として伝えられる。

人を指導し、動かす立場に立つ者の心得をずばり説いた金言だ。

言って聞かせるだけでは駄目なのだ。ここを勘違いしている大人が多すぎる。

（前掲学級通信、第二六三号）

「言行一致」長谷川氏の側にいて、一番感じることである。どんな時も、「率先垂範」の精神なのだ。教師の本気が生徒に伝わる。頑張っていた生徒は安心し、「やっていることは、間違っていない。さらに頑張ろう」と思うだろう。歌わない生徒は「先生があれだけやっているのだから……」と感じるに違いない。

このように行動によって示すということを、四月から続けている。だから、生徒が信用し、尊敬するようになる。

（大木島研）

二　集団を動かす原則2　仕組みをつくる

1　生徒自らが動いていく仕組みがある

毎日努力した1Aの努力は、裏切らなかった。どこのクラスよりも努力をためてきた自信はある。この「文化祭」という行事のおかげで、1Aは絶対に成長した。（中略）

そのことをすべて踏まえて、本番に臨んだ。（中略）だが僕は、あふれ出る感動と、「もう終わってしまうのか……いろいろあったな」と思う達成感が心に響き、歌っている途中に泣いてしまった。歌っている途中は絶対に泣かないと決めていたのだけれども、泣いてしまった。涙をたらしながら歌っている状態だ。

だが僕は後悔はしていない。全力で歌い、全力で練習してきたから、僕は後悔をしていない。後悔した、と

いうより、自信になったという感じである。（中略）
もうこのメンバーで合唱することはない。だがこの最高のメンバーと、最高の合唱ができてよかった。悔いは残っていない。

（長谷川博之学級通信集『共』二〇〇八年、三八三号）

長谷川氏の学級の合唱祭当日の、ある生徒の日記である。長谷川氏の学級の合唱をセミナーなどで見たことがあるが、スピーカー越しに聞いても、その迫力がうかがえる。学級の「全員」が全身を使い、大きな口を開け、精一杯に歌っている。そのときの生徒一人ひとりの一生懸命さ、熱意が日記からも伝わる。

長谷川氏の学校は「生徒指導困難校」である。小学校時代に、五、六時間目の授業に全く参加しなかった子や、六年間一度もぞうきんを使わなかった子もいる。そのような小学校時代を過ごした子たちが堂々と立ち、迫力のある歌を一丸となって歌っている。私は何度か合唱の映像を見せていただいたが、そのたびに感動し、涙が出そうになった。

だが、長谷川氏は合唱指導について次のように述べていた。

一緒に歌ったりしたのは数回程度で、合唱についてはあまり指導していません。（文責・兵藤）

長谷川氏は、合唱の指導はほとんどしていないと言う。なのに、なぜ人に感動を起こさせるほどの合唱を子どもたちがするようになるのか。長谷川氏の学級通信を分析した結果、一つの要因を見つけることができた。

生徒自ら行動していく仕組みがある。

『長谷川博之学級通信集「共」二〇〇八年』より、どのような仕組みがあったのかを分析した。以下に三つ述べる。

2 自ら動いていく仕組み①～四月から徹底した趣意説明～

行事は、その後の生活の質が高まってこそ意味があると、長谷川先生に学んだ。先生は四月から何十回何百回と、教えてくれた。

（前掲学級通信、三七七号）

これは、長谷川学級の生徒が書いた、文化祭当日に読み上げる「学級紹介」の一部である。書いたのは生徒だが、その言葉から長谷川氏が何をどのように語り続けたかを読み取ることができる。

「なぜ、この行事を一生懸命やるのか」合唱に取り組む意味の説明、「趣意説明」を長谷川氏は、

「四月から何十回何百回と、教え」ている。

だから、子どもから同じ言葉が出てくるようになる。
行動の意味を教えることの大切さを、向山洋一氏は次のように述べている。

> 自分の行為の意味を理解してこそ「考え」も「精神」も安定できるわけである。
>
> （向山洋一『授業の腕をあげる法則』明治図書、Ｐ一一）

「何のために合唱をするのか」それを理解せずして、合唱を自らやるようにはならないのである。では、長谷川氏の学級では、実際に、合唱に関してどのような説明をしているのだろうか。通信から一部抜粋する。

> ・合唱は、「努力は報われる」ということが事実であることを身をもって体験できる機会なのだ。「自分もやればできるんだ」と自信を持つことができると同時に、「この学級でよかった」と心の底からの一体感を感じることもできる。（二二四号）
>
> ・こんな薄っぺらい人間関係を、つき崩し、もっと上質な、もっと固い、もっと信頼できるものに変える。そのための、学校行事なんだ。そのための合唱なんだ。（中略）一人一人の努力の上に、集団で練習する。まとまっていく。合わさっていく。重なっていく。「この学級でよかった、この学級は自分の誇りだ」と思う。それを可能にするのが合唱だ。（二九七号）
>
> ・何十回でも何百回でも言いましょう。合唱は、努力が報われる活動です。（三〇〇号）
>
> （いずれも前掲学級通信）

通信だけを見ても、合唱をやる意味について以下の二つが何度も書かれている。

努力が報われることを身をもって体験し、「自分もやればできる」と自信を持つことができる。
その努力の上に、集団で練習し、「この学級でよかった」と一体感を感じることができる。

何度も一貫して語り続けることにより、子どもの心に刻み込まれるようになる。そうして合唱祭に向けて取り組んでいく意味を理解していくから、生徒も自ら動きだしていくのだ。

3 自ら動いていく仕組み②〜目指すべきモデルを提示することにより、サイクルをつくる〜

二学期が始まって、学級の生徒全員にＣＤが配布された後、長谷川氏は通信に次のように載せている。

この三連休で一〇〇回以上聴いた。全パートをほぼ覚えたので、二〇回ほど声に出して歌った。
(前掲学級通信、二六三号)

長谷川氏は、自らの姿をモデルとして、「具体的な数を示しながら」努力をして見せたのである。その結果、通信で取り上げられる日記にも、練習回数や、練習の様子を描写した記述、報告が増える。

その後、数多く練習した生徒の日記が通信に頻繁に載る。すると、それに触発されるように、他の生徒の練習回数が伸びていく。本番一週間前の生徒の日記には次のようにある。

この三連休で合唱の自主練習は、聴いた回数七六四回、歌った回数六七〇回になった。この三連休、本当に合唱一色だった。出かけるときはウォークマンで聞いたり、部屋を掃除しながら歌ったり、勉強しながら聞いたりとやっているうちに、目標の五〇〇回を越し、七〇〇回、六〇〇回までやっていた。

（前掲学級通信、三六五号）

もちろん、この回数は学級の中でもトップの集団に入るが、ほかの生徒の日記にも二〇〇回、三〇〇回といった回数を見ることができる。トップ集団をモデルとして示し続けることにより、以下のサイクルが働く。

教師がモデル行動をとる。

↓

フォロワーが動き出す。

↓

通信などで取り上げるなど、評価する。

↓

全体に波及。

「何回やりなさい」と数を直接言わなくても、他の生徒が触発され、自ら練習するようになる。結果、全体の数が底上げされていくだけでなく、お互いの努力を知ることにより、生徒相互の信頼関係もより深まっていくのだ。その信頼関係が、さらに練習へ打ち込む際の支えとなっているのだ。

4　自ら動いていく仕組み③～行動の方法を明示～

子どもたちがすべき具体的な行動が示されたことが通信から分かる。以下、通信より抜粋。

学級一丸となって物事に取り組むとき、大切なことがある。一人一人がどれだけ行動しているかを目に見える形にすること。すなわち、行動とチェックのシステムを作ることである。私がやって見せたのは次の仕事だ。


一．本気なのかどうか、意思を確認する。

二．○○がCDを配ったのが二週間前であることを確認する。

三．CDを何回聞いたかを問う。聞いた回数が本気の度合いである。

四．歌詞とメロディを完璧に覚えるのをいつまでにやるのかを宣言させる。

五．音楽の授業は本番までたった四回しかないことを確認する。

六．その場合、音楽の授業は「練習試合」であることを知らせる。

七．平日全く練習をせずに、土曜日に練習試合を四回やって、実力がつくかと問い、「つくはずがない」ことに気付かせる。

八．家庭での自主練習と学校の隙間時間を使った練習が必ずいることを理解させる。

九．家庭での自主練習の目安として、〇一〇〇個、☆一〇〇個のチェックシートを作らせ、毎日お互いに確認し合うというシステムを構築する。

一〇．昼休みをパート練習場とし、教え合い励まし合う機会とする。

一一．一〇月からは伴奏者と合わせること、各パートの声量のバランスを取ること、ハーモニーの質を高めることを目的とした練習をすることを予告する。

（前掲学級通信、二六八号、枠囲み、改行省略は兵藤による）


この中で、合唱練習の仕組みとして重要なのは

九．家庭での自主練習の目安として、〇一〇〇個、☆一〇〇個のチェックシートを作らせ、毎日お互いに確認し合うというシステムを構築する。

である。一回歌ったら〇を一つ、聴いたら☆をノートに記録させる。回数を記録することによって生徒は

「数」を基準に努力できるし、「数」を基準としてお互いに評価できる

そのようなことを全体のシステムとして取り入れることによって、どう行動すればよいのかがはっきりと分かる。行動の仕方が明示されているから、生徒だけで互いの努力を確認し、評価し合うことができるようになるのだ。

以上のように、生徒が自ら動いていくことができる仕組み、動くようになる仕組みがある。そのような仕組みの中で生徒はそれぞれ努力し、互いの努力に敬意を表し、さらに練習に励むようになる。その過程で信頼関係が深まり、学級全体が大きく成長していくのだ。その結果、合唱に「全員」が全力を注ぐようになるのだ。

（兵藤淳人）

三　集団を動かす原則３　教えて、褒めて、動かす

1　感動的な合唱

練習で音楽教師が泣いた。本番の合唱で、最前列で聴いていた中三の男子が泣いた。
長谷川学級の合唱には様々なエピソードがある。
次の文章は合唱を終えた後の、長谷川学級の生徒の感想である。

・「文化祭」という行事を成功させた僕たちに残ったものは賞状ではなく、もっと大切なものだ。それは「努力することの大切さ」「友情・絆」「団結力」である。（中略）僕は後悔はしていない。全力で歌い、全力で練習してきたから、僕は後悔をしてはいない。

（長谷川博之二〇〇八年度学級通信『共』第三八三号）

・文化祭。とっても緊張して良い経験をしました。こんなに家で練習したり、熱中したのは初めてでした。やりきったという達成感があります。でも、ここはゴールではありません。文化祭とは日常生活の一日なので

す。そしてその日常生活の一日一日を大切に生きることによって、良いクラスは生まれます。私達はこの良いクラスに近づけました。

（前掲学級通信、三八六号）

・毎日欠かさず練習をしてきた。やる気のない人なんて一人もいなかった。
・文化祭に向けての練習はどこよりも早くやってきた。一番クラスでまとまって練習してきた。自主練だってたくさんやってきた。土日に集まって練習したりもした。やれることは全てやった。出し切った。

（前掲学級通信、三八七号）

合唱を終えた後でこのような感想を書くことのできる生徒たちは、初めから合唱に向けて、クラス一丸となって取り組んでいたのだろうか。
それは違う。長谷川学級の学級通信を紐解くと、音楽の授業時間に多くの学校で見られるような合唱前の練習風景が浮かび上がってくる。

・歌うときに男子がふざけあっていたり、歌っていない人が何人かいました。○○先生が何度注意しても、ふざけていました。まだ文化祭まで日はあるけど、ちゃんと練習して欲しいです。
・音楽の時間、みんなが歌っている中、男子では三人だけが歌わずにふざけていた。
・「男子は女子の声に負けてる」と○○先生は言った。「だってしょうがねえじゃん」男子の数人が言う。私はその時「男子はもっと必要だけど、女子も同じくらい必要だ」と思う。

長谷川氏は音楽教師ではない。それが、どのようにしてクラスをまとめていったのか。どのようにすればクラスをまとめていくことができるのか。

長谷川氏の合唱指導には、一つの原則がある。この原則を踏まえて学級経営を行うことで、長谷川氏はクラスをまとめ、合唱を完成させていった。

（前掲学級通信、二二六号）

2　教えて、褒めて、動かす

「教えて、褒めて、動かす」これが担任の合唱指導において踏まえるべき原則である。

では、「教えて、褒めて、動かす」とは、具体的にどのようなことをいうのか。

まず、「教え」るというのは、教師が「どのように行動すればいいのか」を、明確にすることだ。「頑張る」「努力する」「精一杯やる」ための方法を示してやるのである。

その上で、取り組んでいる生徒を「褒める」のである。

頑張っている生徒を褒めることで、その生徒も、周りの生徒も「動か」していくのだ。

二〇〇八年度の学級通信の中には長谷川氏が「教えて、褒めて、動かす」場面がいくつも書かれている。そしてこの三要素は独立したものではなく、連関した指導として行われている。

例えば、長谷川氏が日記を書いてきた伴奏者の生徒に対してコメントをしている通信がある。

生徒A「伴奏は間違えたらいけない。これを私はいつも思っています。伴奏が止まれば合唱も止まってしまいます。これはなんとしてもやりません」

長谷川「伴奏者のプレッシャーは、やった人にしかわかりません。私は毎年、緊張しながらも日々練習に励む彼女らに寄り添い、励ましてきました。私にピアノの指導は出来ません。でも、私にも出来ることがあります。それは、伴奏者の真剣な努力を歌い手に伝え、行動を促すことです。

（中略）誰だって、歌えるようになります。声も出ます。歌えないのは、練習をしていないからです。ただそれだけのことです。まだ合唱に身が入らない人、練習をするというのが口先だけになっていると自覚している人はどうかこのAさんの文章をよく読むといい」


（前掲学級通信、二八〇号）


この時点では長谷川学級においても伴奏者と歌い手に温度差がある。

「合唱に身が入らない人」「練習をするというのが口先だけになっている」生徒がいることも分かる。

長谷川氏はまず、「伴奏者のプレッシャーは、やった人にしかわかりません」と、伴奏者をいたわる文を書いている。この文によって伴奏者に「頑張っているね」というメッセージを送っている。

伴奏者の努力に共感することで、伴奏者を「褒めて」いるのである。

更に、「私にピアノの指導は出来ません。でも、私にも出来ることがあります。それは、伴奏者の真剣な努力を歌い手に伝え、行動を促すことです」

と、書いている。歌い手に行動を求めるのだ。

そこから、「教える」。

歌い手がどのように動けばいいか「教えて」いるのが次の文章だ。

「誰だって、歌えるようになります。声も出ます。歌えないのは練習をしていないからです」

「練習をせよ」という指導である。長谷川学級では、合唱のチェックシートが作られている。曲を聴いた数と歌った数をそれぞれ確認しあうためのシートが作られているのだ。

生徒が練習をしようと決意したとき、「CDを聴く」か「家で歌う」という練習の方法が既に用意されているのである。こうした準備があるから、教えられた生徒が動くことができる。

そうして、動いている生徒を褒めることができるようになるのである。

おそらく、通信に書かれているのはこの「教えて、褒めて、動かす」という連関した動きの一部にすぎない。長谷川氏は日常の中で幾度も繰り返し「教えて、褒めて、動かす」指導を行っているに違いない。激励があり、行動方針があり、実際に行動するためのシステムが用意されている。それを幾重にも積み重ねていく。だから生徒が動くことができるのだ。

3　教師が一番動く

「教えて、褒めて、動かす」というシステムを機能させるためには、教師に対する信頼が必要になる。この信頼関係の構築のために、必要なことの一つとして長谷川氏が行っていることがある。それは、教師が一番よく動く。

ということだ、長谷川氏のそのような姿勢は合唱指導においても変わることはない。とはいえ、担任が音楽教師でない場合、どのように一番動いていけばいいのか。

長谷川氏は学級通信の中で、次のように書いている。

私は現時点で、全てのパートを歌えます。それは、ひと月前から時間を生み出して練習してきたからです。

（前掲学級通信、二八〇号）

本番の、ひと月以上前の通信からの引用である。

統率者が一番よく動く。

だから長谷川氏は誰よりも行動する。

そして、単に行動するだけでなく、それを生徒に示すことで、「行動の効果」を最大限に発揮しているのである。

統率者としての担任と、生徒との間に信頼関係が構築されるから「教えて、褒めて、動かす」というシステムが更に有効なものになっていくのである。

4　数値化する

長谷川氏は生徒の合唱を一〇〇点満点で評定をする。

本番の一週間前にも、氏は生徒の合唱に点数を付けている。

その内容を学級通信から引用した。なお、通信にはチームごとにすべての生徒の名前が書かれていたが、ここでは省略した。

昼、パート別に、前列後列に分けて練習した。

「夢の世界を」における私の評定は以下である。

ソプラノ前列：五十五点

ソプラノ後列：八十五点

アルト前列：七〇点

アルト後列：四〇点

男声前列：八〇点

男声後列：七〇点

声量を上げることが一番の課題だ。

怒鳴るのとは違う。

メロディとハーモニーをそのままに、一人、ひとりの声を大きくするのだ。

（前掲学級通信、三六九号）

学級通信には明確に示されていないが、後半の三行が評定の基準であろう。次に、同じ日の学級通信に掲載された生徒の日記を引用する。

・だから僕は今日から、今まで以上に歌う。今まで以上に歌い込んで確実な音程を身につけ大きな声で歌っても崩れなくする。
・金曜日のリハーサルでは、自信を持って一二〇点の合唱をする。

（前掲学級通信、三六九号）

一つめの感想から、数値化して評定した結果、生徒の中で今後の練習の課題が明確化していることが分かる。数値化することで、今後の課題を「教えて」いるのだ。

①　今後どれだけの練習が必要か、という課題の明確化
②　最終的にどのような形にすればよいのか、というゴールの明確化

これを、明言せずに、生徒自身に発見させているのである。

生徒の活動を数値化して評定することも、「教えて、褒めて、動かす」というサイクルの中にある技術の一つなのである。

5　保護者も巻き込む

「教えて、褒めて、動かす」というサイクルからは少しずれるが、長谷川氏の合唱指導のポイントとしてもう一

つ、外すことのできないことがある。それは、

> 保護者も巻き込む。

と、いうことだ。

長谷川氏は学級通信の中で、数回にわたり保護者を合唱に巻き込むための文章を書いている。

> ご家庭に求めます。今回の合唱に、ぜひ興味を持ってください。そして息子さん、娘さんの努力を応援してやってください。
> そして、がんばりを私宛、報告下さい。合唱は「心」でするものです。各家庭の協力が不可欠です。私は八年間毎年そうやって成功させてきました。
>
> （前掲学級通信、二七一号）

生徒が家庭で練習しやすい環境を用意する。音楽教師が手を入れにくい部分を、むしろ長谷川氏は担任として丁寧に組み立てているのである。

6　日常生活を重視する

様々なセミナーで長谷川学級のＶＴＲはそれを見た先生方に衝撃を与えている。

映像を見て涙ぐむ先生もいる。
中には号泣してしまう先生もいる。
多くの先生が、「あんな合唱を」と、憧れる。
しかし、長谷川氏は次のように言う。

> 合唱は手段である。合唱を終えた後、その学級に何ができるようになったかというのが大事なのだ。

また、次のようにも言っている。

> 合唱と同じ教育の「手段」である日常生活の細かな所をおろそかにしない。

普段の学級経営をおろそかにすることなく、「手段としての合唱」を乗り越えた学級はどのような変容を見せるのか。

長谷川氏は合唱を終えた後の長谷川学級について、次のようにコメントしている。

> 喧嘩やトラブルは三月まで一切起こりませんでした。十一月以降私は一度も叱っていません。いい学級でしたね。今も子どもたちは言っています。

学級経営は担任の仕事である。担任の仕事に長谷川氏のように本気で取り組み、合唱のシステムを機能させていくことで音楽教師でなくても合唱は変えていくことができるのだ。

（五味田昌弘）

第Ⅲ章 合唱指導、私の成功の秘訣はここにある！

一 学級づくりと合唱指導をリンクさせ、涙の卒業式を迎える

1 なぜ合唱なのか

一人残らず全員が参加でき、長谷川博之氏の言われる「向上的変容」が期待できる。

特に音楽会は全員が学校の代表選手として参加できる。子ども、保護者、教師が一体となって成長し、学級の質を向上させることができる。

かつて六年生を担任し、合唱を通じ、クラスとしてまとまり、涙の卒業式を迎えることができた。卒業文集より二名の文章を引用する。

・私たちの音楽会の曲は中学生レベルでとても難しい曲だった。でも、多くの人が最後なのでやりたいと答え、私たちの曲はアンジェラ・アキの「手紙」となった。

残り一カ月ほどになったとき足を上げたり、先生流の練習をするようになった。成功をさせるべく、どんな困難も乗り越え上達していった。全校の前での発表では上手くいった。

そして当日は予想通り、どの練習よりも上手くいき、努力が実った瞬間だった。私はこの音楽会でどんなに辛くても、努力をすれば必ずやり遂げられることを知った。私はこれからもいろんな努力をしてあきらめずに頑張りたいと思う。この音楽会は私たちにいろんな事を教えてくれた。大切な思い出だ。私は将来ピアノの先生になりたいと思っている。子どもたちにはいろんなタイプがいると思うし、大変だと思うけど音楽会の時の大変さを忘れずに、どんな大きなカベがあったとしても乗り越えていきたい。

・一つ目は音楽会です。「手紙」はとても難しくてたくさん練習をしたことが、とても印象に残っています。音楽会に向けて目標もつくりました。「代表として心を一つにし、最後まで頑張る」でした。音楽会当日になり、私はずっと緊張していました。○○小の番が来て、ステージに上がるとみんなが一つになった気がしました。私は楽しく歌えました。目標も達成できました。音楽会は一番の思い出です。

このような熱い思いがたくさん綴られていた。
また、保護者からも手紙をいただいた。

・音楽会についてですが……。完成した歌や器楽を観て、とても上手なので驚きました。男の子のせいか、これまであまり家では歌っていなかったので、難しい曲を……と心配していました（実際は女の子に大分助けられていたとも思いますが）。伴奏もとても上手で、前奏からウルウル来てしまいました。
とにかく忙しい中、あれだけできるなんて……。まさにピート・グレイの「勝者は常にあきらめない」の精神ですね（授業参観の時のこのお話にもとても感動しました）。残り少ない小学校生活、六年生全員でいろいろなことに挑戦していってほしいですね。
保護者の声は学級通信に載せて全員に紹介する。
真剣な頑張りが広く認められていく。
このような体験を通じ、クラスはまとまっていった。

2　四月から布石を打つ

始業式、校歌を歌った。声が出ず、指導が必要だった。「式」の重要性を子どもに指導した。また、六年生は卒業式、学年二三人だけで歌うこと、学校の代表として音楽会に出ることを指導した。

> ゴールを意識させる。

ためである。そこで長谷川博之氏のクラス合唱のビデオを始業式後の学活で見せた。その中学生は児童たちの先輩であった。先輩たちが予想以上に頑張っている姿だった。子どもたちは声を失った。その後以下二点の指導をした。①指名なしで全員感想を言わせる。②翌日の入学式、最高学年として、大きな声で校歌を歌うことの大事さを語る。

翌日の入学式、前日より声が出ている子がわずかに増えた。しかし、一朝一夕ではそうそう変容するものではない。そこで何をするか。

> 激励する。

ことである。頑張っている児童、前よりも声が出ている児童が存在する。私は前に立ち、良く口が動き、歌っている子をチェックしていた。もちろん自分が一番大きな声で歌いながらである。その子たちを学活で褒めた。

翌日の日記に「校歌はあまり大きくなかったです。これは斉藤先生に怒られるかなと思いました。でも、『昨日よりは大きな声になっていた。よく頑張った』と褒められました。嬉しかったです」「歌を歌う時、斉藤先生に負けないぐらいの声を出しました。入学式が終わったら斉藤先生に褒められたのでとっても嬉しかったです」このように書いてあった。つい「みんなもっと大きな声で歌いなさい」と言ってしまいそうになる。しかし、頑張っている児童は確実にいる。その子たちを先頭集団として伸ばしていく。

3 日々の指導

朝の会で歌を歌うことになっていた。そこで

> 個別評定をする。

子どもたちの間を回りながら肩を軽く叩く。(高学年女子など、触れることが難しければ机を軽く叩くのでもかまわない。) 一回~五回、五段階で評定する。子どもたちに基準はあらかじめ言っておく。しかし、たとえ蚊の鳴くような小さな声だったとしても、歌ってさえいれば決して一にはしなかった。あくまでも頑張っている子を激励するための評定である。まずは歌っていることを褒めるために行った。数カ月かけての種まきである。そのうちに「今日の朝会の校歌はピアノの伴奏役だったので歌えなかったけど、聞いていてとても大きな声で歌っていました。

今度歌う時は私も大きな声で歌いたいと思います」のような日記が出てきた。種は少しずつ芽を出していった。

教師自身がモデルを示す。

自分自身が大きな声を出す。挨拶、返事、歌声、学校で一番大きな声を出せるよう、心がけた。気構えは子どもに必ず伝わる。子どもに要求することは、必ず自分もそれ以上のことをするようにした。また、教師自身が学ぶ姿を見せる。日常の授業を工夫する。これはＴＯＳＳランドの実践の追試や、サークルで学んだ。少しでも良い授業ができるように心がけた。「先生、僕算数が好きになってきた」「先生、また討論やりたい！」「斉藤先生の体育は楽しいけど疲れます」の子どもの声が多く聞かれた。こういった日常が大切である。

4　学級通信を活用し、クラス全体を高めていく

学級通信は重要な役割を果たした。主に子どもたちの日記、授業の感想、児童の様子、保護者からの手紙、そして教師からのメッセージを載せた。中でも、

子どもの変容を載せ、クラス全体の質を高める。

ことを意識した。

例えば入学式の翌日には、最高学年としての意気込みが書かれた日記を載せた。

・今日、入学式がありました。一年生は二十人でした。とてもかわいかったです。これからも一年生のお手本になれるように頑張っていきたいです。分からないときや、困っているときは、助けてあげたいです。立派な六年生になりたいです。
・今日、入学式がありました。まず、入場してきた一年生はとてもかわいかったです。一年生の担任の先生は○○先生でした。○○先生は教え方が上手なので、一年生は安心してると思います。次に、「チューリップ」を歌いました。ちょっと恥ずかしかったけれど、一生けん命歌いました。気持ちよかったです。もう最高学年なので、下級生にやさしく、たよりになる六年生になりたいです。

七月、プール清掃の時期の学級通信には次のように書いた。

・プール掃除の時、汚水の入った重いバケツを持ち、はしごを登ろうとしたところ、ヌルヌルするコケに足を取られ、転びかけました。すると、ある女の子がすっと近づいてきて、汚れたバケツを受け取り、外へ運んでくれました。とても自然でした。
・習字の後、作品を机の上で乾かしておきました。休み時間が終わり、教室にもどると、きちんと整頓して重ねてありました。誰がやってくれたのかはわかりません。しかし、とってもありがたかったです。
・お昼の給食の時間、『放送の音が大きいな』と思うと、放送室まで音量を下げるよう連絡しに行ってくれました。
・給食の時、音が大きかったり小さかったりすると、自然と音量を下げてくれました。
・給食当番の子が大変そうにしているのを見て、残っている食缶を運んできてくれました。

このように、一見小さな、しかし本当に大きな素敵がたくさんあります。

こうした内容を掲載し、積み重ね、広めていった。

5　学級でした合唱指導

合唱の専門家ではないが、クラスでいろいろと試してみた。その中で有効と感じたものを紹介する。

①　足上げ発声。仰向けに寝て、足を十センチほど上げる。そのままで発声をする。お腹で支えて声を出す練習。

②　ブレス練習一。鼻から二拍で吸い、四拍止めて、四拍で口から吐く。止める時は口を閉じない。息遣いをコントロールする練習。

③　ブレス練習二。仰向けに寝て、天井に向けて細く長く息を吐く。無理な力を入れず、自然と出させる。力まず無理のない声で、遠くへ向けて歌うための練習。そのままハミングなどの発声練習につなげていく。

④　「木が風で自然と揺れるように歌う」。直立不動で歌うのも不自然と感じた。曲を感じて歌うための声かけ。

⑤　音取りＣＤを作成する。ピアノが弾けないため、ＭＩＤＩで音を作成。ＣＤに録音し、児童に配布。楽譜を作成、演奏してくれるフリーソフトがネット上にはたくさん公開されている。それを使用した。

⑥　専門家に聞いてもらう。校内の合唱指導が上手い先生にお願いし、指導をしてもらった。また、ビデオで録画し、専門家に見てもらい、指導をいただいた。

⑦　目標を作る。学級会でクラスの目標を作る。それと同時に一人ひとりが数値の入った個別の目標を作る。数字を入れたのは達成できたか否か、明確にするため。それぞれ掲示し、学級通信にも載せる。

6　合唱を通じてクラスがまとまっていく

自主学習ノートや感想から、子どもの声を拾う。

・休み時間、○○ちゃんと私が、手紙を歌っていると、だんだんみんなが「はい……」と歌い出しました。「手紙」という歌が、私たちの歌みたいに身近な曲になっているような気がします。こんなにたくさん練習してきたのに、たった十分間くらいの発表になってしまうなんてもったいないですね。でも十分間の中で、感動を与えられる合唱や合奏ができたらいいなと思います。もうクラス全員でいられるのは、あと五カ月。中学へ行くのも楽しみだけど。一年生からずっと一緒だったのに、もうそろわないということは、会えないということ。一緒に勉強したり遊んだりできなくなる。そう思うと、ちょっぴりさびしくなる。何となく行きたくない気がする。だから五カ月間。みんなといっぱい、いっぱい仲よくしたり、勉強や遊びをせいいっぱいやる。これが私の目標。音楽会まで後二日！　みんなといられるこの時間を大切にして、心を一つにして最後まで頑張ろう。みんなで心を一つにしよう。

・いよいよ音楽会まで後二日。もっと完ぺきにして音楽会に行って、いい思い出にしたい。もう後約五カ月ぐらいになったことを考えると、なんだか淋しくなるけど、その後少しを大切に一分一秒を無駄にしないようにして、その一分一秒をいい思い出にできるようにしたいです。

そして、本番を迎えた。

・音楽会本番！　他の所の演奏もとてもすごくて、前半の休けいが終わって、○○小の次は自分たちの番と思ったら、すごくドキドキしました。ステージに上がって、先生が手をあげたら何かドキドキがなくなったのでホッ！としました。あっという間に木星の演奏が終わってしまい、次は手紙だっ！　と思うとまたきんちょうしてきました。「みんなで心を一つにして最後まで頑張る」というみんなの目標を思いながら歌いました。そしたらみんなで声を合わせて、すごく上手な歌が歌えたなと思いました。やっぱり音楽はいいなと思いました。今日の音楽会はとてもいい思い出になりました。

・心を一つにできました。五五人で来る学校もあれば、八人で来る学校もありました。ぼくたちは、二三人という少ない中でも一生けん命、みんなで心を一つにしてがんばって、練習のときよりもずっといい合唱と合そうができてよかったです。

・次は「手紙」です。「はい……」歌っていると、「すげー」と言う声が聞こえてきました。歌い終わると「なんだか、早く終わったなぁ」と思いました。でも最高の時間でした。うれしかったし、楽しかったです。

7　涙の卒業式へ

三学期、六年生になってできるようになったことを発表させた。短時間ながら、二三人で二八三個。その一部を引用する。

・先生がよいと言ったことは、みんながまねするようになった。
・クラス全体が助け合っている。
・クラスが明るくなった。
・クラスが信頼できるようになった。
・勇気が出せるようになった。
・前よりはずかしさがなくなった。
・進んで勉強ができるようになった。
・前遊ばなかった友達と遊ぶようになった。
・卒業式で歌う曲を毎日聴くようになった。

・笑顔が増えた。
・努力することが増えた。
・みんなの心が一つになる機会が増えた。
・みんなの長所が増えた。
・親の話を素直に聞けるようになった。
・夢ができた。

合唱を通じ、クラス全体が成長した結果だった。

最後に、卒業式前の日記を紹介する。

・多分、私は卒業式で泣きます。だってこの二三人と一緒だった時間は長いようでとても短かったから。中学へ行くのは楽しみだけど、みんなと離れるのは、すっごいヤダ。わがままだけど、これが私の本音。でも、絶対そんなことできなくて。でも思い出は忘れない。姉さんとかは、小学校なんて楽しくなかったとか言うけど、私はそんなことない。すっごい楽しかったんだ。

・最近一週間がとても早く感じます。どんどん卒業が近づいてくるような気がします。あと一年くらい小学生でいたいです。

卒業式当日。保護者も、子どもも、私自身も涙の卒業式を迎えることができた。ＴＯＳＳに出会い、サークルで学び、指導をいただいたおかげであった。

（斉藤維人）

二　中学生の本気を引き出す合唱指導

1　失敗を繰り返さない

初担任で中学二年生を担当した。合唱祭があり、その指導もしたが、生徒は決して楽しそうではなく、やらされているという感じで終わってしまった。男子同士、女子同士の喧嘩も多く、それをうまく解決できずに終わった。中学三年生に持ち上がり、二年生の時に担任をしていた生徒に「先生、おれ、今年は楽しく合唱ができているよ」と言われた時には、ショックだった。二年生の時は楽しくなかったということだろう。

中学三年生を担任している時に、私はＴＯＳＳ☆ＪＨＳ埼玉（現ＴＯＳＳ埼玉志士舞）に参加するようになる。きっかけは、長谷川博之氏のＳＡＭＵＲＡＩソーランの指導を参観して「こういう指導をして、生徒を輝かせたい」と思ったからだ。

また、サークルに参加して、長谷川学級の合唱映像を見せてもらうことがあり、いつ見ても背筋がゾクゾクするような本気の合唱に憧れ長谷川氏のような合唱指導をやってみたいと思うようになった。

しかし、学び始めのころは形だけを追い求めていた。長谷川氏のやっていることを何となく真似しているつもりになっていただけだった。形だけを追い求めていても、生徒は変容していかない。合唱指導は失敗で終わることもあった。失敗することで、学んだこともあるが、その時担任していた生徒には、申しわけないと思うことがいくつもある。合唱祭を成功させ、生徒に表現する喜び、仲間と一つのものを作りあげる喜びを感じてほしい。長谷川氏の合唱についての考え方を知れば知るほど、そう思うようになっていった。今では合唱祭に向けて四月から様々な手を打つようになった。

2 長谷川氏から学んだ、合唱で大切なこと

長谷川氏から合唱について様々なことを学んだ。その中でも合唱指導についての学びには、学級経営でも大切なことがたくさんあった。特に重要だと感じたのが次の四つである。

① 「全員」にとことんこだわる。
② 日常生活を一番大事にする。
③ 行動する生徒を育てる。
④ 合唱祭をその時だけの「祭り」で終わらせない。

この学びを実践することによって、以前よりも生徒の本気を引き出すことができた。自分自身の実践を振り返り、合唱指導について書いていく。

3 「全員」にとことんこだわる

全員にとことんこだわることが大切だというのを長谷川氏から学んだ。中学校は一クラスに一人くらいは不登校の生徒がいる。発達障害の生徒もいる。非行傾向の生徒もいる。そういう生徒をすべてひっくるめて、全員にとことんこだわるというのは覚悟がいることだ。中学一年生を担任した年、長谷川氏から学んだことを一つでも多く生

徒に還元しようと思い、出会いの準備をした。

出会いの中で、私は全員に語りかけた。

「先生と一緒にこのクラスをより良いクラスにし、学校をより良い学校にして行く努力をしてくれる人は立ってほしい」

少し戸惑っていた生徒もいたが、全員が立ち上がり、「より良い学級。より良い学校づくり」をしていくことを確認し合った。「全員」が同じ気持ちでスタートできた。

出会いの日にもう一つこだわったのが返事だった。その年担任をした生徒の中にA君がいた。小学校時代、学校に行けば寝ているか本を読んでいるだけだった。A君は入学式で名前を呼ばれても返事をしないのではないかと思い、練習をすることにした。その時のことを当時の学級通信から引用する。

◆教室に入り、まずやったことは挨拶だ。全員がしっかりと起立ができるように三回やり直した。大きな声で挨拶をしてくれた人がたくさんいた。次に入学式のために返事の練習をした。（中略）入学式では「起立」→「返事」→「待機」の順番なので、その練習をした。大きな声で返事をしてくれた。本番も全員が声を出した。これはすごいことだ。いろんな学校の生徒が一つの学校に集まり、立派に返事をやり遂げた。これからが楽しみだ◆

A君もしっかりと返事をしていた。入学式に参加していたA君の出身小学校の校長先生は驚いていた。初日から全員にこだわり、全員で最初の一歩を踏み出すことができた。

4　日常生活を一番大事にする

長谷川学級の合唱を一言で表現するとこうなる。

本気の合唱

本気の合唱とはどんな合唱か。
① 全員の口が大きく開いている。
② 上手い下手関係なく、自分の精一杯の声を出している。
③ 楽しそうに歌っている。
これは技術面のことだ。この三つができるだけでも、聴いている人に感動を与えることができるかもしれない。

だが、長谷川学級ではそれプラスαの合唱に仕上がっている。

長谷川氏は合唱についてこう書いている。


中学生の学級合唱は、合唱練習だけで決まるわけではない。

（長谷川博之学級通信集『共』二〇〇八年、二七六号）


日常生活のすべての中で、自己表現の楽しさ、本気になることの楽しさ、大切さを教えていかなくては、人を感動させるような歌にはなっていかない。

また、日常の質が高まっていかなくては、生徒の本気の合唱は生まれない。それを長谷川氏から学び、四月から日常生活を大事にするようにした。

日常生活の向上はどんなふうに学級に表れるのか。私は次の二つだと考える。

> ①　人のために動けているか（利他の精神）
> ②　担任の指示がなくても自分たちで動けているか

中学生は自分のことばかり考える時期だ。この時期に人のために動けるというのは大事なことだ。毎日人のために動いているからこそ、合唱もみんなのために頑張ろうと思うのだ。

人のために動くというのは放っておいてできることではない。教師が人のためになること、その動き方を教え、褒めていくことで、生徒はそれを心地よく感じる。だから動くようになる。何の評価もないのに、人のために動く中学生はなかなかいない。大人でも褒められたほうが動けるのだから、生徒を褒め続けるべきだ。

人のために動くことを心地よいと感じさせることは日常のあらゆる場面で可能である。

例えば、長谷川氏の掃除の指導を聞いて、追試していることがこれだ。

> 自分の分担場所が終わった生徒は教室掃除を手伝う。

長谷川氏の実践を知るまでは、自分の分担場所が終わった生徒には何の指導もしていなかったので、暇になった生徒が遊び始め、せっかくきちんと掃除をしてくれたのに注意してしまうことがあった。

今は、四月の一番最初の掃除指導でこのように話している。

「自分の掃除場所が終わった生徒は教室に戻ってきて教室掃除を手伝います。教室が一番大変だからね」

四月最初の掃除の時間に話すことによって、必ず一人か二人は教室を手伝ってくれる生徒がいる。自分の分担もやりつつ、教室もやってくれるのだから、とてもすごいことだ。早速実行してくれた生徒を力強く褒める。すると、いつの間にか教室掃除を手伝ってくれる人が増え、あっという間に掃除は終わるようになる。

給食の時間も同じだ。中には自分の学級だけではなく、他の学級のことも手伝える生徒が出てくる。学級通信から引用する。

◆金曜日は英語が二時間、難なくこなして給食の時間。五十分までに食べようと言って急いで準備をした。その時誰かが言った。「先生、隣のクラスの用意を手伝って来ていいですか」と。何のことか始めは分からなかった。そのうちに隣のクラスが体育でまだ帰ってきていないのだと分かった。◆

隣のクラスが帰ってきていないことに気づいた生徒が自分のクラスのことをすぐに終わらせて、手伝いにいってくれた。合唱ではこういう気持ちも大事だ。合唱には四月からのそのクラスの生活がすべて表れる。人のことを考えず、わがままに過ごしている生徒ばかりだったら、合唱の時もわがままばかりになる。男女の仲が悪かったら、合唱の時も男女の仲が悪いまま本番を迎える。これでは本気の合唱とは言えない。本気の合唱を目指すなら日常生活の質を向上させなくてはいけない。

ＴＯＳＳ代表の向山氏は『教えて褒める』ということを何度も何度も講座で話している。日常の良いところを褒めていくと生徒は明るく育ち、さらに何かしようと考え行動してくれる。もちろん学級の質も高まっていく。

5 行動する生徒を育てる

長谷川学級の生徒は合唱の時、全員が本気だ。自分からやろうとしているのが伝わってくる。四月から様々な場面で、生徒のやる気を起こさせた結果だ。

その一つに委員・係決めがある。長谷川氏はこう語っている。

委員や係を決める際はすべて立候補とします。（中略）「やってみたい」という気持ちだけで十分です。やってみたいと思っている人みんなにやってほしいと思います。（中略）立候補がたくさん出たらジャンケンで決めましょう。後期も同じ。『方針演説』の後でジャンケンをします。公平な方法で後腐れなくいきましょう。

（前掲学級通信、一一号）

長谷川学級では前期の委員決めには三〇分以上かかっていた。なかなか女子の学級委員が決まらずに、何度も何度も立候補することの大切さを語っていた。それが後期はどうなったか、学級委員に立候補した人が何人もいて、あっという間に他の委員会も決まってしまったそうだ。生徒会本部にも立候補が多くでて、「お前、生徒会本部の座をおれにゆずれ」という発言まで飛び出したという。

長谷川氏はどうやって生徒にやる気を起こさせたのか。長谷川氏は、委員になった生徒を委員会の活動の中で伸ばしていったのだ。例えば、学級委員には学級会での仕切り方やリーダーとしての動き方を教えていく。周りの生徒は学級委員の成長を感じるようになり、自分もやってみたいと思うようになる。

これが合唱にもつながっている。合唱祭までの期間で、生徒は自分から行動していけば、何かが変わってくるということを感じ取り本気で行動するようになる。

本気で行動している生徒を見ると、周りの生徒も変わってくる。

生徒が変わり、自信を持つようになるには相当の時間がかかる。私はそこで諦めていることが多かった。「やはり、あの生徒にはできないのだ」と。長谷川氏は立候補した生徒には必ず達成感を持たせて終わらせる。互いが認め合い高め合うことで生活の質も合唱の質も高まってくる。

私は次のような実践を行った。担任を務めるようになってから毎年、立候補ジャンケン制を行っている。委員会決めもそうだが、体育祭種目、合唱祭のパートリーダーへの立候補などすべて立候補ジャンケン制である。ある年の学級通信から引用する。

◆クラスの組織が決定した。全て立候補で決めた。学級委員が決まりづらいだろうと思い、最初に決めた。「学級委員をやってくれる人」と言うと二本の手が挙がった。C君とDさんだ。二人とも手の挙げ方がとても良かった。しかもすぐに手を挙げてくれたことに感動した。二人には方針もスピーチしてもらった。いきなりにもかかわらず、すぐにスピーチしてくれた。実はDさんは、立候補について日記に書いてくれていた。それをしっかりと実行したのだ。（中略）委員会について以下のような話もした。「委員会など入らないほうが楽だという人もいるでしょう。部活にも出られるしね。でも、今日見た生徒会本部役員や、委員長が確実に学校を動かしています。みなさんにもそういうことに挑戦してほしいのです」と。◆

この年、学級委員に立候補した生徒はもちろんのこと、委員に立候補した生徒が自分の仕事を一生懸命にこなし、学級や学校のために動いてくれた。そういう年は、後期の委員決めでも多くの立候補があり、ジャンケンで負けてしまったことが悔しくて仕方がないという生徒もいた。生徒会本部にも二人が立候補した。

だが、別の年は後期の委員がなかなか決まらなかった。

委員になった生徒の実力が伸びていることを周りが分かるようにしていく。

このことを強く実感した年となった。しかもなかなか立候補がなかったので、私は生徒を怒ってしまった。こちらが力を伸ばせなかったから立候補が出なかったのに、自分のことを棚に上げ、生徒を怒ったのだ。その後、立候補は出たが、強引すぎたと反省している。

また、練習方法も工夫し、行動できる生徒を増やした。例えば指名なしで、生活班で歌わせたことがある。指名なしで歌わせると、一斉に何班も前に走ってきた。そして、互いに譲り合い順番を決めていた。合格点に達しなかったからといって罰があるわけでもないが、我先にと前に出ていた。

班でやってみると、まだまだ歌えていない生徒が何人もいた。そんな中で目立っていた生徒がいた。いつも無口なB君だった。B君は普段から友達との関わりは少ない物静かな生徒だった。合唱の時もそんなに目立ってはいなかった。しかし、班で歌っているときは、クラスで一番上手だった。音程もすべて完璧だし、教室中に響く声で歌っていた。聴いている生徒の中から「B君、すげー」という声が挙がっていた。B君はこの時から変わった。他の生徒が自信なさそうに歌っているときでもB君は一生懸命に歌っていた。B君のおかげで男子の声は安定してきた。他の生徒とも関わりが多くなり、その頃から、楽しそうにしている姿をたくさん見ることができた。

きっとB君も自分を表現できる場を求めていたのだと思う。委員として活躍している人を見たり、授業で自分の意見を発言している生徒を見て自分も何かやりたいと思ったはずだ。B君は解散を前にして「クラス替えをしたくない」と日記に書いていた。自分の居場所があることを実感していたのだ。生徒一人ひとりが輝ける場を提供するのも教師の大事な仕事だ。

その年はＣＤを全員に配り、自主練している人を通信で褒め、朝の会、帰りの会で褒め続けた。小学校時代は卒業式ですら歌を歌わなかった生徒が、汗をかきながら合唱する場面を見ることができるようになった。全体での練習も最初は百回を目標にしていたが、家でも練習をしている生徒は全体でも多く練習しようとして積極的に行動し、百回はあっという間に超えていた。

6　合唱祭をその時だけの「祭り」で終わらせない

長谷川学級では、合唱後にいくつかのキーワードが出てくる。その一つが「学校を変える」そして、「合唱を生活に生かす」である。合唱の頑張りが自分自身を強くし、仲間と一緒に何かをやる喜びを感じることができるようになったのだ。この時期から、長谷川氏は一度も怒っていないということを言っていた。合唱後に書かれた学級通信を読むと、生徒はまだまだ自分のクラスの良くない点を書いている。が、それよりも良いところを書いた日記が増えてきた。そして「ありがとう」と書かれた日記も出てくる。長谷川氏が言っている「このクラスが学校を変える」「賞状の出ないところで一番になれ」『幸せ』『ありがとう』などの天国言葉を使う」などが生徒の行動につながっているのが分かる。

さらに生徒が自ら、音楽の授業で歌っている歌を音楽室に行って練習をしたのだそうだ。発表する曲ではない、授業で習っている曲だ。

長谷川氏は「こんな中一は、探してもなかなかいない。その証拠に、職員室の先生も驚いている」と書いている。これを読んでいる方で、中一の生徒が合唱祭の後に音楽の授業で習っている曲を練習しているのを見たことがある人はいるだろうか。私はこの事実を知ったとき驚いた。

では自分の学級ではどうだったか。大きく変わったことが一つあった。それは、授業の受け方だ。英語の時間、少し声が出づらくなってきたことがあった。それが合唱祭が終わった後、自分のクラスが一番積極的になった。発表の時には自分から手を挙げてどんどん立ち上がる生徒が増えた。音読の声もはっきりとしていた。特に良かったのが、指名なし発表で周りを意識して、譲り合う生徒が増えたことだ。クラスで何かを作りあげること、クラスの仲間がいるからこそ、楽しいのだ、力を何倍にも高められるのだということが分かってきたのだろう。もちろん、給食や掃除も少しずつ態度が良くなっていた。

長谷川学級は合唱の後で演劇を行った。合唱で培った力を演劇で爆発させていた。しかし、自分の学校には全校に何かを発表する機会はなかった。それでも毎日「学校を変えていこう」「もっとクラスを良くしていこう」という話をしていた。

ある日、女子生徒の何人かが「卒業式に歌う合唱を練習したい」ということを申し出てきた。驚いた。まさかそんなことを言う生徒がいると思わなかった。もちろん「いいよ」と言って、ＣＤプレーヤーを貸した。だが、一つ問題が起きた。その生徒たちはすべての生徒に練習をさせようとした。その気持ちは分かる。せっかく合唱祭でみんなで力を合わせてきたのだから。それをもっと他にも生かしたいと思ったのだ。だが、これに反発した生徒がいた。そこで、話し合いをすることになった。

話し合いは、平行線だった。「毎日みんなで練習したい」という生徒と「昼休みは休みたい」という生徒で意見が真っ二つに割れた。話し合いをしていく中で、折衷案が出てきて、結局週二日はみんなで練習しようということになった。でもただ練習するだけでは意味がない。もっとクラスが良くなるために、他にも何かやっていこうということで、日記にクラスの良いところを書いていったり、クラスの良いことノートを作ろうということになった。

この頃から、不登校だった生徒も休まず登校するようになった。転入してきた生徒も、「前の学校よりも楽しい」と言っていた。

解散の日「このクラスのメンバーが来年はそれぞれのクラスに行って、学年を良くするために行動しよう」と言って終えた。最後には全員で合唱祭の課題曲を歌った。最後の挨拶を終えると、泣いている生徒がいた。初めての経験だった。

7　日記と学級通信を活用する

他にも合唱成功のために必要なことがある。日記と学級通信だ。この二つはセットでこそ本当の力を発揮すると考える。

重要ではあるが、長谷川氏は強引に日記を出させるということはしていない。長谷川氏は出した方が良いということを言い続けただけだった。時には強く提出を求めるときもあるが、それは何か問題が起こったときなどに全員の意見を聞きたいときに限っていた。

日記指導と合唱の関係とは何なのか。日記は、その日にあったことなどを書くのが普通だ。だから「今日は合唱祭でした。僕たちのクラスは金賞を取れませんでした。悲しかったです」というようなのがほとんどだ。もちろん、長谷川学級でも四月当初の日記はその日にあったことを書いているのがほとんどだ。それが変わってくる。

次の段階は、自分がやるべきことを、目標などを宣言するために日記を書くようになる。それでもまだ、自分のことを書いているにすぎない。

それが合唱祭が近づくにつれ変化してくる。

クラスへの問題提起が書かれるようになる。

長谷川学級でも問題はたくさん起こる。そういう問題を通過していく中で、生徒は自分のことと同時に人のことを気にかけるようになる。どうやったら、学級全員が楽しく過ごせるのか。自分が何をしたら学級が良くなるのか。もっと周りにやってもらいたいこと。そういうことを考えて日記に書くようになる。合唱祭が近づくにつれ、長谷川学級ではどんどん問題提起をする日記がでてくる。そして、問題が起こったことに感謝するようになってくる。多くの生徒が学級について真剣に考えるようになる。それが本気の合唱へとつながっていく。

では、どうすれば生徒の日記は変化してくるのか。一つは学級通信の活用だ。長谷川氏の学級通信は毎年生徒に「生き方」について教えている。毎年ほとんどの生徒が毎日学級通信を読んでいると考えられる。長谷川氏は生徒に様々なことを語っているが、それと同じように学級通信でも様々なことを語っている。学校を休んだが、どうしても通信が読みたくて、親が学校に取りに来たという生徒もいたぐらいだ。

学級通信の中で日記の書き方を示し、長谷川氏の考えに対して意見を書かせている。また、問題提起をした生徒の日記を載せていく。そうすることで、その日記に対する反応があり、それがまた新たな問題提起を生む。生徒はその問題提起と一つずつ向き合い、学級をより良い集団に高めていく。

長谷川実践に憧れて、私も学級通信を毎年発行している。今では二〇〇号以上は出すようになった。しかし、長谷川学級のような変化はない。一人ひとりの日記の分量が少ない。「今日は〇〇でした」のような文で終わっている。そんな日記ばかりの時がある。

なぜ、長谷川学級のようにならないのか。一つは、私が学級の生徒全員が学級通信を読んでいると思って指導を進めていたことにある。学級通信は毎日全員が読んでいることが理想だが、やんちゃ君やギャルたちが毎日読んでいるというふうには考えにくい。学級通信だけでどんどん話を進めていってしまうと、取り残される生徒が出てくる。取り残された生徒は、ますます日記を出さない。学級通信を読まないということにつながってしまう。長谷川氏は学級通信を読んでいない生徒にも問題提起について考えさせる時間を意図的にとったはずだ。

二つ目は日記を出すことを強いていたことだ。日記を出さない生徒は必ずいる。だが、毎日毎日そのことから一日が始まると生徒も教師も疲れてくる。出したとしても一行で終わることも多く、余計に怒ってしまうときもある。長谷川氏は日記を強制的に出させているわけではない。だが、多くの生徒が質の高い日記を出すようになる。なぜなのか。

> 日記を出している人が学級で活躍し、格好良くなっている。

日記を出した人がリーダーとなり、学級を引っ張るようになる。だからそれを見た生徒が「あいつ、すげーな」と思うようになる。そして学級全体の日記の質も高まってくる。日記と学級通信があるからこそ、生徒は合唱を作り上げるときにも意見を交換し合い、一つの方向に進むことができたのだ。

8　全く歌えないA君

個別に対応したことについても書いていく。クラスにはいろんな生徒がいる。B君のようにすぐに自信を持った生徒ばかりではない。A君という生徒がいた。入学式の返事の指導に出てきたのと同じ生徒だ。A君は中学入学後も自己表現を必要とする活動を極端に嫌がった。日記は書かない。道徳も感想を書かない。授業中に指名されてもじっと座っていることが多かった。

A君は合唱になるとどうなるか。眼鏡を拭いていた。眼鏡を拭いて、拭き終わったら歌集を顔につけて立っているだけだった。周りの生徒は、「A君、歌えよ」と言っていたが、うなずきはするものの歌声が聞こえてくることはなかった。歌詞も覚えているか怪しかった。

A君に対しては二週間前から合唱を意識させるようにした。必ず歌えるようになると信じていた。なぜなら、体育祭で小学校六年間一度も走らなかったA君が全員リレーという競技で走り、ムカデ競争という競技でも、クラスの男子全員と足をヒモで結ばれながら走りきったからだ。きっとやれると思った。

A君がなぜ体育祭で走ったのかを考えてみた。それはクラスの中に自分の居場所があるということだった。クラスの生徒はA君が上手く走れなくても文句を言うことはなかった。それどころか、少しでも走っていたら、「頑張れー」「いいぞ」と言って応援していた。普段の授業でもグループ活動ではA君がやろうとしていなくても、「これ、お願い」と頼んで、一緒に授業をやろうとしていた。小学校時代はそういう声をかけてくれる人もほとんどいなかったのだと思う。四月から「全員」というのを常に語ってきたからこそ、周りはA君に声をかけ続けたのだろう。やはり、長谷川氏の「全員」という思想は尊いと思った。

長谷川氏が歌詞を覚えられない生徒と三百回歌ったことがあるのは以前から聞いていたので、それを追試した。放課後、教室にA君を残し聞いた。

「A君、合唱は全員が歌っていないと意味がない。A君もクラスの一人なんだから、しっかりと歌わないといけないよね」A君はうなずいていた。

「よし、だったら今日から先生と練習しよう」と言って、「歌詞は覚えている？」と聞いた。すると、驚いたことに、歌詞は全部覚えているという。そこで、すぐに歌うことにした。曲をかけて一度聴かせ、追い読みのように歌わせていった。その時に、歌った曲は『カリブ夢の旅』。二〇〇五年の長谷川学級と同じ曲だった。なぜかそれだけでも嬉しくなった。

先に私が歌い、A君が続くと思ったら、何も歌わなかった。何度かやってみたが、全く歌おうとしなかった。そこで、最初の一文字だけ歌うことにした。「カー」という一文字だけ歌った。一文字だけやってみて思ったのだが、A君は歌いたくないのではなく、歌い方を知らないようだった。まずは、声を出す練習から始めた。

「先生と同じように伸ばすよ」と言って「カー、さんはい」とやってみた。その時は「カー」と発声できた。「よし、いいぞ」と言ってA君を力強く褒めた。次に、「先生の手まで声が届くようにします」と言って、手のひらをA君の方に向けた。これは最初難しそうだった。何年も歌を歌ったことがない、ほとんど話をしないA君は遠くに声を響かせるということができなかった。これも何度もやったり、見本を見せたりして、できるようになった。

問題はそれをどう歌にしていくかということだった。A君は自分の声しか聞こえないと不安になるようで歌うのを止めてしまった。そこで、男性の声が入った伴奏CDをかけて、一緒に歌った。一小節ずつきって、追い読みのように歌わせた。これはできた。かすかだが歌声に近い声が聞こえた。思いっきり褒めて、CDを聴いてくるように言って、その日は終わった。時計を見ると一時間が経過していた。一小節で一時間。本当に歌えるようになるのか少し心配だった。

放課後の練習は会議がない日は毎日続いた。それでもA君はみんなと一緒の時は歌うことができなかった。放課後一緒に歌うときはできていたので、わざとやっているのではないかとも思った。A君は少しでも不安になるとやれなくなってしまうことが段々分かってきた。そこで、クラスで合唱をするときには、A君以外の生徒が一生懸命に歌い、A君が安心して入ってこられるようにしていった。

本番前日、隣で一緒に歌って、ようやくA君の口が開くようになった。「A君がしっかり歌えているぞ」とクラスの生徒に報告すると嬉しそうだった。

そして迎えた本番当日、A君もきちんと口を開けて歌っていた。結果は最優秀賞。指揮者が最後に「今日はA君も最初から最後まで歌ってくれて良かったです」と一言。全員で拍手をして終えることができた。

9　長谷川氏を追いかけると生徒は変わっていく

長谷川実践に憧れる人は多い。自分もそのうちの一人だ。でも、その場限りの追試で大失敗をしてしまう。例えば合唱祭、長谷川学級のような合唱ができるようになってほしい。そう思って、合唱の指導をたくさんする。何度も何度も歌わせる。こういうことをやっても決して良い合唱にはならない。

四月からすべてがつながっているからだ。合唱で全員を目指すなら、授業でも全員を目指さなくてはいけない。授業で寝ている生徒がいるのに、起こさなかったら、周りの生徒も、「先生は口だけだ」と思うようになる。合唱祭では全員だと言っているのに、体育祭では実力がある生徒だけが輝いている。以前自分は大失敗をした。体育祭ではダントツの優勝だった。それは、足の速い生徒が何人もいたからだった。その後、生徒は「合唱は絶対無理だ」と言って、合唱は最悪の状態だった。特定の人にだけスポットライトが当たっていたことが原因だった。

長谷川学級は何事もしっかりしている。別の学年の生徒が「真面目すぎる」と言ったほどだ。だから厳しく指導している印象を受ける。それがあってこそ、あの合唱もあるのだと。だが、厳しい中では伸び伸びとした生徒は生まれてこない。四月から学級が楽しくなくては、あの合唱にならないのだ。

このことを知ってから、生徒に明るく接し、大事なことは四月から毎日のように指導していくことにした。長谷川実践を追いかけていくと、その深さに圧倒されるばかりだ。やっぱり追いかけるのは無理かもと思うときもある。でも、生徒が輝いていくことを想像すると、また元気になれる。これからも長谷川学級の合唱を目指し続ける。あの合唱ができるということは、生徒が自分のことを好きになり、自分に自信が持てるようになっているということだからだ。

（森田健雄）

三　日々の学級経営が合唱につながっている

1　四月からの学級づくり

長谷川学級のような、全員本気の合唱を目指したい。それは、合唱だけ気合いを入れても得られるものではない。全員が本気で合唱に取り組もうと思える生徒たちを育て、生徒がそう思えるだけの学級経営を四月から積み重ねることが絶対条件だ。

長谷川学級における合唱練習の様子を撮ったビデオを見たことがある。

昼休み。音楽室に生徒が自主的に集まって練習をしている。一回歌い終わるごとに、パートごとに輪になって活発な議論が行われる。どの生徒も真剣に意見を交換し合う。その様子は、緊張感がありながらも、とても楽しそうだ。休み時間に練習を「やらされて」いる、「仕方なしに」議論に加わっているという生徒は一人もいない。

なぜ、合唱練習の段階でこのように活発な議論になるのだろうか。以下、自身の考えを述べる。

(1)　「こうなりたい」という共通の目標（モデル）がある

長谷川氏は年度当初に、前年度の学級の合唱ビデオを見せるという。

音楽に合わせてそれぞれが体を揺らし、体全体で表現する合唱。一人ひとりが自己表現を楽しむ合唱。本気の合唱。その姿は、大人が見てもかっこいい。心に響くものがある。

例えば、自分が学級で「全員本気の合唱をしよう」といくら呼びかけたとしても、生徒にイメージは湧かない。人間は、自分が見たことがないものをイメージすることはできないからだ。だからこそ、具体的なイメージを生徒に湧かせるためにも、長谷川氏はモデルとなる合唱を見せるのではないか。「本気」のイメージを共有させるのではないか。そして、そのイメージがあるからこそ、全体の方向性が定まるのではないか。

長谷川学級では、全員に共通するイメージとなるモデルがあるからこそ、毎年自然と、そのモデルに向かって学級の合唱が進んでいくのではないかと考える。また、そのモデルが具体的であるからこそ、近づくために何をすべきかという共通認識ができ、練習段階でも活発な議論になるのではないだろうか。

(2)　合唱に限らず、「よりよいもの」を目指すという向上心が学級全体にある

合唱のみ「頑張ろう」と気合いを入れても、ビデオのように全員が意見を言い合う活発な議論にはならない。

合唱のための合唱ではないのだ。

合唱の延長上に何があるのか。何のための合唱なのか。それを生徒が理解している。そういった日常生活を長谷川学級は四月から積み重ねてきている。だからこそ、合唱をするときには学級の大多数が素直に「よりよい合唱」「本気の合唱」を目指そうという気持ちに、雰囲気になっている。

長谷川氏の日常の授業、指導、行動。学級での日記指導、清掃・給食指導、「賞の出ないところで一番になろう」という言葉とその価値。四月からの積み重ねがあってこそ、生徒の内面に「よりよい合唱にしたい」という気持ちが生まれてくるのだと考える。

例えば、他の学級から「一Aって、昼休みバカみたいに練習しているけど、それで本番負けたらハズくね？」と長谷川学級へのヤジが飛んだことがあるという。そのとき、長谷川氏はこう生徒に告げている。

「気にすることないんだよ。だってさ、おれたちの合唱は賞を目指してやってるんじゃないんだから」（文責・星野）その一言で生徒は納得する。誰よりも教師が、ぶれないことが大切だ。

(3) 一人ひとりに学級における所属感、安心感がある。一緒に歌うことが心地よいという雰囲気を作っている

あるセミナーのＱＡで、長谷川氏は次のように述べている。

「学級にいることへの不安や恐れが、暴言につながっていることもある」（文責・星野）

どの学級でも、真剣に取り組まない生徒や、歌いたがらない生徒がいる。しかし、考えてみれば、自分の居場所を感じられない学級で合唱をし、よいものを目指して議論する、などという気にはならないのが普通だ。

まずは一人ひとりに学級での所属感や安心感を与えるような学級経営をしていくこと、自尊心を向上させていくことなど、四月からの学級経営の積み重ねが土台になっているのだ。

学級のために涙を流したことが、あなたにあるかい？
泣くほど真剣に考えて、胸を痛めたことがあるかい？
（長谷川学級学級通信『共』二〇〇八年、第三七六号）

文化祭前日に長谷川氏が生徒に贈ったコメントである。学級づくりがすべてなのだ。

どれも、四月からの学級経営なしには成り立たない。そうやって四月から積み重ねてきたことが表れるのが合唱なのだ。合唱が成功するかどうかは、四月からの学級経営という土台の上に、合唱という柱を立てる行為なのだと思う。

2　学級における所属感

ある年のことだ。自分の学級で、ある女子生徒が「歌いたくない」と合唱練習に参加しようとしなかった。元来、そういった活動が大好きな生徒だ。しかし、その年には合唱に一切取り組もうとしなかった。

理由は、学級内での交友関係。とあることをきっかけに、友達とうまくいかなくなり、学級での自分の存在感を感じられずにいたのだった。

彼女が友達とうまくいっていないのは気付いていた。彼女自身に、また、周囲の生徒に声をかけるも、それはなかなか改善されなかった。クラスメイトも何度も声をかけ、合唱練習にも誘ってくれていた。しかし、うまくいかなかった。合唱の練習時間、音楽の時間には端で壁に寄りかかったり、小さくうずくまったりしていた。誘っても誘っても参加しない、そんな彼女の姿に、周囲との溝は深まっていった。

二人で話したとき、彼女はポツリとこう言った。

「学級に居づらい」

そのときには、自分は「そうは言ったって、合唱をするときは切り替えたらどうか」「合唱を一生懸命やることによって、学級での居場所もできてくるはず」と考える部分が少なからずあった。

学級に自分の居場所としての価値があるか。

もちろん、考えてはいた。だから、放課後に二人で話したり、クラスメイトに声をかけさせたり、合唱以外の部分で褒めたり、いくつかの策を投じてきた。しかし、結局のところ、あまり深くは考えずに、彼女に一生懸命歌うことを強いていたように思う。

大多数が一生懸命練習していても、彼女はそこに自分の「居場所」を感じられなかったのだった。合唱の前に、まずはそれを作らなければならなかったのだ。

多くの生徒が、参加しようとしない彼女に声をかけ続けた。各パートのパートリーダーが、帰ろうとする彼女を追いかけたこともあった。喧嘩もした。

結局、前日の練習でも「歌いたくない」と大喧嘩をし、学級の女子生徒が涙を流す場面もあった。

それでも学級の生徒は彼女を追いかけた。男女とも多くの生徒が彼女に関わり、声をかけ続けた。

もしかしたら、そのような行動をとったのは、合唱で勝つためだったのかもしれない。

しかし、全体の練習を中断してでも一人のクラスメイトを追いかけたのは、そうではなく、「学級全員で歌いたい」という思いの表れだったのだと感じている。

担任である私も家庭訪問を繰り返し、学級の思い、自分の思いを伝え続けた。

彼女も本当は一緒に歌いたかったのだ。素直になれずにいた部分もあった。歌詞は完璧に覚えていたし、自分と二人で話すときには少しずつ、正直な気持ちも言えるようになってきていた。

前日の夜、再度家庭訪問。ご両親も交え、お互いが涙ながらに話した。が、彼女が来るという手応えはないまま帰路についた。

四月からの学級経営で自分に足りないものがあったことは大きな反省点である。日々の学級経営がすべてだ、そう思っていてもうまくいかない部分はたくさんあった。

しかし、彼女への声かけ、働きかけをあきらめようとは全く思わなかった。それは、次のことが何よりも重要だと考えていたからだ。

> 教師が、なんとしても全員で歌わせる、本気で歌わせるという気概を持っていること。

長谷川氏と会って学んだことである。教師である自分自身があきらめてしまったら、彼女が参加する可能性はなくなってしまっただろう。

そして当日。

彼女は来た。朝の合唱練習の前に、彼女は涙を流して謝罪をした。

「迷惑ばかりかけてごめんなさい。いろいろな人から連絡をもらって、誘ってもらって、自分はすごく幸せだということに気付きました。もう遅いかもしれないけれど一緒に歌いたい」

そして、その姿を受け入れてくれる学級の姿があった。誘っても誘っても来なかった練習。自分の居場所を感じられないという思いが、今まで彼女にそうさせていたのだと思う。

しかし、前日、喧嘩をしてでも引き止めてくれたクラスメイトや、メール・電話をくれた友達、そういった仲間の存在に気付くことができたことが彼女にとっては大きな一歩だったのではないかと思う。そこに自分の居場所、学級への所属感を感じられたのではないか。

「自分のために動いてくれる仲間がいる」と気付く事実が、彼女が「居場所」を感じるきっかけになったのだ。

事前練習では泣きはらして歌っていた顔も、本番では吹っ切れて集中した真剣な表情となり、見事に合唱曲を歌い上げた。

コンクール結果は、優秀賞。女子生徒の涙が光った。

3　一人ひとりへのメッセージ

次の文章は、合唱コンが終了したときに学級通信に載せたものである。

◆合唱コンが終わりました。

結果は優秀賞！　発表された瞬間、女子が「やったー！！！」と叫びました。抱き合う姿、涙ぐむ姿、満足そうな表情がたくさん見られました。

本当に、素晴らしい合唱でした。目標としていた最優秀賞には届かなかったけれども、「勝負にこだわり、結果にこだわらず」の精神は変わりません。ベストを尽くしたことに価値があります。本当におめでとう。

合唱コンに至るまでに、３組ではたくさんの壁がありました。なかなか学級がまとまらず、パートリーダーや一生懸命やっている人たちは毎日必死で悩み、行動してきました。

そういう人がいたからこそ、そして彼ら、彼女らが行動してくれたからこそ、あの素晴らしい合唱ができたのです。本当に感謝しています。ありがとう。本番、学校を出る前に私はすでに涙してしまい……もう賞はなくてもいいや、とさえ思えました。（と言いつつ、歌を聴いていたらやっぱり賞を取らせてあげたい！　と思い直してしまったんだけれど……）

当日の合唱の裏にあった苦労や努力は、私も一部分しか分かりません。しかし、私の知っている限りでも大変なものでした。ただ単に、歌のうまさを求めるだけではない、学級の成長をもたらしてくれた合唱コンでした。◆

自分の力量不足を、生徒たちの動きがカバーしてくれた。それに対する感謝の気持ちを通信に込めた。参加しないクラスメイトのために必死で動いた生徒たち。

さらに、一人ひとりにメッセージを贈った。学級通信に載せると、いつもはほとんど通信を読まない男子も、一生懸命読んでいた。35名全員分、掲載する。

・当日、通院してから参加だったA君。家の前で元気な表情をみられたときはほっとしました。
・女子との境目のポジションで一生懸命歌ってくれたB君。どうもありがとう。
・一番後ろから、素晴らしい声量で歌っていたCさん。当日の司会も見事でした。
・窓に向かって歌っている姿が何とも頼もしかった、Dさん。自信を持って歌えていました。
・当日、みんなが真剣になっているところにまさかの遅刻、F君。本番はしっかり歌えていた。
・音楽室で椅子の準備や後片づけなど、ちょっとしたところでいつも動いてくれたE君。感謝！
・練習後にも、放課後の教室で歌っていたGさん。いつも笑顔で歌っていたのが印象的でした。
・楽譜に忠実に歌おうとしていたHさん。素晴らしかった。
・Iさんの行動力、練習への姿勢、しっかり意見を述べる姿は間違いなく学級の支えでした。
・「音痴だから……」と自信がなさそうだったJ君も本番は堂々たる歌いっぷりでした。お疲れ。
・男子の中で最も口を開けて歌っていたのはK君。先生方からも「見直した」との言葉が！
・当日は残念ながら参加できませんでしたが、L君も懸命に練習に参加していました！
・前日の表情が晴れず、かなり心配だったM君。当日の朝練習で歌う姿を見て安心しました。
・当日の朝、指揮台（椅子）に乗るも誰も気付かず……!? いつも明るく歌っていたNさん。笑顔が一番！
・Oさん。本当によく頑張りました。全員参加に意味がある、大切な一人です！
・人数の少ないアルトで一生懸命声を出していたPさん。本番もよく聞こえていました！

・後ろからソプラノを支えてくれていたQさん。安定した歌いっぷりでした。
・R君の声はよい！　と音楽の先生からも太鼓判でした。本番も響いていました。
・「この歌には強い気持ちが込められていると思う」と歌詞の意味を考えて歌っていたS君。
・最初の練習から歌詞を完璧に覚えていたのはTさんだけでした。意欲が感じられました。
・「声が響いてる」と評判だったU君。話し合いでも「もっと声を、声を出しましょう！」ありがとう！
・一番後ろで、大きく口を開けて歌っていたV君。真剣な表情が嬉しかったです。
・3日前に「声がでない……」と聞いたときには大丈夫か？　と思いましたが、Wさんも当日には回復。よかった～！
・とにかく、「一緒に歌えてよかった！」この一言に尽きます!!　Xさん！
・パートリーダー不在のときには代理としてY君も声を出してくれていました。お疲れ様。
・歌詞の検討をし、その意味をしっかりと理解してくれていたZ君。お疲れでした！
・にこにこ、歌うことが楽しそうだったA君。笑顔で歌っていることが何より嬉しかったです！
・Bさんの前向きな考え方、日記での文章にどれだけ助けられたことか。どうもありがとう。
・「全然緊張しないんです」と羨ましすぎる神経の太さ！　Cさんの伴奏、完璧でした。
・少しの音のズレもしっかりと聞き分けていたD君。当日のギャグも忘れません……。
・さすがの発声、声量のE君。パートリーダーとして、昨年よりも少し力強くなっていました。
・間違いなく、男子で頑張った人№1はF君。実行委員と並行してよく頑張りました。
・Gさん。あなたの優しさと厳しさがあったから、当日の合唱があります。当日朝の涙は忘れません！

・Hさん。厳しい言葉というのは言う本人が一番辛いよね。学級への大きな貢献、どうもありがとう！
・Iさん。歌い方の指示、男女への気遣い、苦労もありましたが本当によくやってくれました。感謝、感謝です！

一人ひとりに贈るメッセージ。ポイントは、

文章を読んだ生徒が「あの場面か」と分かるように描写して書く。

ということだ。

なるべくその生徒の姿が目に浮かぶように、練習風景、歌詞の検討会、本番、その他多くの場面の中から一つを切り取って書くようにした。

4　四月からの積み重ね

長谷川学級のように、四月からの積み重ねがしっかりとできている学級でさえも、歌おうとしない生徒はいる。音楽の授業でふざけてしまったり、学級で泣く生徒がでてきたりと、毎年トラブルは絶えない。

そういった生徒たちにどのように語り、伝えるか。彼らに何を感じさせ、動かしていくか。生徒が歌わない理由が個人個人によって違うのと同じように、その方法は様々あるだろう。

「これ」という絶対の方法はないのではないかと思う。しかし、教師が全員を参加させようという気概を持ち、動いていくことが必要だ。

学級で取り組む合唱に、一人だけ歌わないという選択肢を、ワガママを、与えない。ワガママではなく歌わない、歌えないというような心理的な負担が何かあるのであれば、教師が補助してやり、それを乗り越えさせる。そして、最終的には、本気で歌うことを経験することによって「取り組んで良かった」という気持ちをその生徒に持たせる。「成功体験」だ。

学級で一つのことに取り組む達成感、その場で全力を尽くしたという自尊心が、合唱以後の生活にも関わってくるのではないだろうか。

そして、大切なことは、「合唱の前ばかり歌わない生徒に関わろうとしても、彼らには響かない」ということだ。

> 学級の四月からの積み重ねが合唱に現れるのと同じように、生徒へのいざというときの関わりでも、教師が四月から生徒たちとどう関わってきたかが試される。

学級のドラマを作る土台づくりは、四月から始まっているのだ。

（星野優子）

四　指導を進化させればクラスも進化する！

1　勘違い

自分の担任するクラスは毎年メンバーが変わる。だから一概には比較できないが、合唱指導の質は進化しているといえる。しかし、実際にはこの三年というもの賞がとれなかった。つい二年前まで「合唱で生徒に賞をとらせたい」「賞をとって大きなホールで歌う体験をさせてやりたい」「それが成功体験を積ませるということだ」と勘違いしていた。長谷川博之氏の二〇〇八年学級通信集『共』の二九七号に次のような記述がある。

私は、合唱コンクールの「順位」などどうでもいいと思っている。しかしそれは、「合唱がどうでもいい」ということとはまったく違う。

一Aできる最大限の努力と、その結果としての合唱

私は心の底からこれを求めている。

努力なき団結はない。現実逃避の向こうに感動はない。

真剣な議論なき友情はない。目標に向かう共通行動がなければ仲間ではない。

何度だって言う。

君たちの人間関係など、吹けば飛ぶようなものだ。

軽すぎる。表面的すぎる。

表情を恐る恐るうかがい、言葉の端々に一喜一憂し、常に不安で、「共通の敵」を作って団結をよそおう。

「共通の秘密」を作り出すことで「仲間」だと思いこむ。「友達だ」といいながら仲間はずれにされている。嫌なことを言われて我慢している。約束を簡単に裏切る。自分を正当化するために、簡単に他人を「売る」。

こういう事実を、家庭は知らない。だから書いている。

こんなうすっぺらな人間関係を、突き崩し、もっと上質な、もっと固い、もっと信頼できるものに変える。

そのための、学校行事なんだ。そのための合唱なんだ。

学級合唱で大事なのは、技術じゃない。技術では、どれだけやったって、好きで集まっている合唱部には勝てないんだ。そういうことを求めているんじゃない。

ある期間、同じ目標を目指して、一人ひとりが具体的な行動を起こしていく。一人ひとりの努力の上に、集団で練習する。まとまっていく。合わさっていく。重なっていく。「この学級でよかった、この学級は自分の誇りだ」と思う。

それを可能にするのが合唱だ。相手に勝つんじゃない。自分自身に勝つんだ。

右のような「順位」への明確な答えがある。

2　クラスの進化

合唱には担任の生き方が出る。私のクラスは賞がとれなかった。聴いている人を感動させる合唱には至っていなかった。それは、今後改善したい点だ。しかし、美しいハーモニーだった。全校生徒の前で、全員全力で歌えた。ふざけて歌う生徒がいなくなった。合唱コンクールが終わったあと満足したと言っていた。笑いのある学級になった。失敗しても許される温かい雰囲気ができた。合唱コンクール後の生活が落ち着いていた。昨年は受験生ということもあったが、クラスで勉強するのが当たり前という雰囲気になった。給食を待つ間、昼休みに読書する生徒が増えた。他のクラスを敵としていないので、いい提案には協力し、提案がなければ、自分たちから発信しようという心がけができていた。指定の鞄を使うという決まりが全員で守れた。（全校で一クラス。残念ながら広められなかったが）後期試験を受ける生徒のために、先に行き先を決めた生徒も、落ち着いた生活を送っていた。前年度のクラスでは、本番の合唱こそ歌っていたが、それまで力の入らない生徒が二人いたので、少し前進したことになる。

さて、今年度は一年生を担任した。

合唱で全員が全力で歌えるようにするためには、四月の出会いの段階から、仕組んでいく必要があった。

3　今年の実践

(1)　特活

①　短学活

一分間スピーチを朝学活に組み込んだ。最初、生徒たちは苦手だった。「考えてくるのを忘れました」と悪びれずに言ったり、考えてきていないのに行き当たりばったりで話し、十数秒しかもたなかったりする生徒がいた。そういう状態が続いたとき、笑顔で「昼休みに一緒に書きましょう」といった場合もある。また、面倒だと言おうものなら、全体の中で「だったらやってくるべきですよね」と詰めたこともある。ただし、考えてきて練習して、原稿も見ないでスピーチができた生徒については、ダブルAです、と褒めた。

新年度に趣意説明をして始めたことでも、しばらくするとしっかりやらない状態になってくることがある。今年

気がいりますよね。よく知った中の人の前でさえ大変ですよね。

「人前で話すのが好きだ（得意だ）」という人はいますか。（いません）クラス全員の前でそう言い切るのは勇気がいりますよね。よく知った中の人の前でさえ大変ですよね。

私の友人は、大手電話会社の人事部（人を採用する部）の部長ですが、採用面接のとき、面接を受けに来た人に一分間で自己紹介してもらうそうです。これは就職試験ではよくあることだそうです。ところが、大きな会社を受けに来る人でも、なかなかうまくスピーチできないそうです。仕事としては、そんなに高度なことではないですよね。でも、ちゃんと準備してこられる人は少ないそうです。あるとき、とても上手な人がいて、採用されたあと尋ねてみたら中学や高校でスピーチの機会があったそうです。そして、一分間のスピーチを考えてきてきちっとやることができる人は、入社後の仕事にも真剣に取り組める人と考えていいそうです。採用の時の重要なポイントだそうです。だから、彼女（その部長さん）は、是非中学生に一分間スピーチの練習をさせてほしいと話していました」

のような実話を語る。

②　学級会

「席替えについて」～好きな人同士で近くに座りたい。この論理に隠された危険性についてとことん議論した。「好きな人」という言葉の裏を返せば「好きでない人」「どうでもいい人」がいることになる。悲しい思いをする人が出るならくじ引きがいい、という二つの意見に分かれてけんけんがくがくの議論となり、感極まって泣く生徒もでた。辛い思いをさせたなぁと失敗だったと反省した。だが、先に挙げた長谷川博之氏の学級通信を思い出し、いや、これを失敗に終わらせず、学級の絆を深めるために、よくよくこのあと気を配ろうと努めた。泣いた生徒は、まわりからの強い視線や言葉を小学校の時から受けて来た生徒だった。そのあとも事件が起こったが、この時の学級会でもそうだったように、学級に本音で諮り、みんなの前で何も言わず陰で言ったり、ネットやメールで何か言うのは許さないということを告知した。一方で、その子に、国語の時間に、彼に強く言う生徒との間に逆転現象が起こるように仕組んでいった。本人の努力もあり、見事に二学期中間テストから状況が逆転した。

自信をつけたその子が、合唱コンクールで三年生もうなるような、迫力の美声で歌った。部活の先輩や、保護者の人や同級生からも声をかけられた、と本人が嬉しそうに教えてくれた。たくさんの人から「いい声だ」とか「よく声が出ていた」と褒められたそうだ。

「ボランティア」については、一学期からクラスで取り組み、夏休みに活動し、二学期にも取り組んだ。「汗を出して、公園をきれいにしてきもちよかった」という感想を言っていた。

「合唱について」～どうクラスで取り組むか、個人として何をどこまでやるか。全員発表。

「係活動提案」～お誕生日を祝福する係の提案と承認、立ち上げがあった。

「授業中の私語」～グループに分かれて、対策を検討。全員発表。

指名なしで全員に発表させるために待つことも必要だった。でも、そのうち、人任せにせず、自分の意見を言うことが当たり前になっていった。本音を言える学級になった。

4 合唱コンクール後

自分が、頑張ったと思うことベストスリーをノートに書いて、全員発表する、という機会を作った。総勢三三名である。「声を大きく出した」「口を大きく開けて声を出した」「限界まで歌った」という生徒がたくさんいたのが嬉しかった。限界まで出した生徒は四名と少なかったのが残念だが、生徒たちは間違いなく、これまでにないくらい大きな声で歌ったと口をそろえて言っていた。限界まで出していないので、余力を残しているせいか、優秀賞という賞をいただけなかったが、晴れ晴れとした顔で「みんなで頑張ったから悔いはない」と言っていた。

しかし、担任の私としては、悔いが残った。

「全員参加・全員本気・全員成長」

と長谷川博之氏と同じスローガンのもとにやってきたが、私のクラスはまだ力を出し切れていないと考えたからだ。

生徒それぞれの「いままで」は越えたかもしれないが、「そこから」の伸びを引き出せなかった自分が悔しかった。

次からは、生徒たちがノートに書いたことである。

声を大きく出した。口を大きく開けて声を出した。二九名

声の限界まで出した。四名

姿勢に気をつけて歌った。十九名

ふざけないで、やる気を出して歌った。六名

歌詞をしっかり覚えた。三名

気持ちを入れて歌った。集中して歌った。五名

指揮を見て歌った。六名
楽しく歌った。合わせて歌った。三名
きれいに歌った。三名
強弱を意識して歌った。二名
タイミングをはかって指揮をした。一名
練習から頑張った。六名
指揮者として、伴奏者として毎日頑張った。三名
聴く態度をよくした。真剣に聴いた。七名
実行委員として頑張った。一名
演奏前の曲紹介をしっかりやった。一名

「頑張り過ぎて終わったあと放心状態になる」とか「頑張ったからこそ悔いが残る」「悔し涙が出る」ような体験もさせてやりたかったなぁと思う。まだまだ、学級を進化させたい。

（高木友子）

五　合唱指導は日常指導！

1　全員が本気になった合唱祭

一二月一八日、合唱祭が終わった後に言葉はいらなかった。スキップをしながら教室に戻る生徒、誰もが自然に

黒板に向かい、あっという間に黒板がメッセージで埋まる。写真を撮ると言うと驚喜した。これまで見たことのない笑顔が並ぶ。生徒にとっても、教師にとっても最高な一日だった。記念として、写真を年賀状にして各家庭に届けた。次の日に提出された生徒の作文を紹介する。

『今までになかった自分の本気』

「指揮者、Aさん。伴奏者、Bさん。お願いします。」

おじぎをする。みんなが自分を見る。四組のみんなに目で〝がんばろうね〟と告げる。手を挙げる。〝ずれたらどうしよう〟〝自分だけが勝手に速くなったらどうしよう〟。不安で心臓が飛び出しそうになる。緊張の一振り。そこから自分の本気モードがＭＡＸを超えた。

「♪カ〜」

予想を超えるみんなのキレイな歌声に少し戸惑う自分。だけどすぐに慣れていつもの自分に戻る。

「♪キャ〜」

楽しそうに歌うみんなの顔に自然と顔がゆるむ。だんだん緊張もなくなってきて、ガチゴチだった体もゆるくなってきた。だけど気持ちは変わらずＭＡＸ本気。みんなの顔を見ても、本気ＭＡＸの顔だった。

「―らぁ―。」

〝やり切った!!〟〝達成感!!〟みんなの顔に満点の笑みがありました。

『合唱祭での本気』

僕は、合唱祭当日四時間目に行われた討論会の話を聞いて、本気になった。最初は、はっきりしない討論会だったけど、先生が「これで本気になれんの?」と言ったら、Cさん、Dさんなどが涙を流してみんなに言っていたのを見て、僕も本気にならなくちゃ、と思い、本気で歌った。

特にDさんの、「今の四組は、昔の四組じゃない。どうしてこんなに変わっちゃったんだろうと思う。」

この一言には、すごく感動し、僕もそう思った。体育祭や、日々の生活ノートや、授業態度もいいクラスなのに、どうして合唱祭になると、先生に「ビリ争い」と言われてしまうようなクラスなんだろうと思った。日々の生活はいいのに、合唱祭では全然ダメなんて情けないし、できるはず！と思って、僕は本気になった。

2 黄金の三日間

出会いの日、全員が三〇秒スピーチをした。率先して前に出た生徒を褒めると、躊躇していた生徒も後押しされて前に出た。係・委員会決めも二〇分かからなかった。五色百人一首をし、ルールを守ると楽しい思いができることを体験した。これは、長谷川氏が講師を務めるＴＯＳＳデーの中で必ず言われていることを実践した。

> 黄金の三日間で、知的で楽しい経験をさせる。

五月には指名なし発表も順調にできるようになっていた。授業中は、他のクラスよりも挙手が多いと評判であった。清掃も、どのクラスより取りかかりが早く、明確になっている自分の分担を約五分で終え、反省会をして席に戻るまでに一五分とかからない。他のクラスがようやく掃除に励んでいるころには、我がクラスは、ほぼ全員が着席している。

係活動でも、提出物の回収・点検作業を、登校直後に一、二分で済ませ、担任に渡してくれることが定着したため、登校が早くなり、ほぼ全員が登校直後に提出物を教卓に出せるようになった。給食当番の仕事も、班単位で担当したが、他の班よりも良い仕事をしようと張り切って仕事をしてくれるので、配膳が早く、給食を食べる時間が長く確保できてとても有り難い。

長谷川氏が、セミナー等で必ず話すこと、

> 良い行動は、褒めて褒めて褒めまくる。（文責・本川）

を実践したことで、生徒同士が互いに良い行動を褒め合う習慣が身につき、昨年担任した中三のクラスより、はるかにレベルの高いクラスに成長した。

3　目標の確認

合唱祭の練習を開始する時は、必ず、ＴＯＳＳランド染谷幸二氏「合唱コンクール練習初日にすること」の追試をしている。

「合唱祭の目標は何ですか？」

「もちろん優秀賞をとることです」

「反対する人はいますか」

今年は誰一人反対者がいなかった。

「では、全員が同じ目標で練習します」

目標を確認することによって、練習をスムーズに始めることができた。

しかし、ここで大事なことは、長谷川氏が常に話している言葉である。

合唱は、手段であって目的ではない！（文責・本川）

全員が同じ目標で進むことは必要だが、「優秀賞をとる」ことが「目標」ではなく、「目的」になってしまうと、行事の後に学級が失速してしまう。行事の目的は、行事を通して露出する日常生活の向上にほかならない。だから、行事が成功したかどうかは、「目標」を達成できなかったとしても、その後の日常生活が向上すれば、成功したといえる。逆に言えば、日常生活を疎かにしての、行事の成功はあり得ないのである。

入学後まもなく行われた「春の学校」（一泊二日）では、小学校のままの曖昧な意識で、ルール違反を犯した生徒が半数もいた。「これぐらいはいいと思った」という安易な気持ちが、この行事によって改善され、ルールを守ろうという意識が向上した。

体育祭では、「長縄百回」を目標にした。残念ながら四一回で力尽きた。でも、生徒は最高記録が出せたことと、事前の取り組みの甘さに気付いて、日常生活が向上した。

今年は、順調に日常生活が向上しているので、合唱祭も必ず成功できると信じていた。

4　練習に足りなかったこと

合唱祭の四日前、初めて体育館で合唱をしたのが、中間発表会であった。互いの声が聞こえないことに、どんどん自信を失い、最後まで歌いきれたことが唯一、救いだった。指揮は乱れ、伴奏もテンポが狂い、八クラスの中で、一番ひどいと感じた。練習はそれなりに真面目に取り組んでいた。担任の私は、ひたすら褒めることに努め、問題点は自分たちで気付いてもらうよう、練習風景ビデオを見せていた。正直言えば、練習がなかなか盛り上がっていないことにあせりを感じていた。合唱練習以前に、日常生活が乱れていては行事の成功はないということも繰り返し話していた。日常生活は、かなり良い状態であることを、学級通信に書き、君たちならできると励まし続けた。しかし、何かが足りないことに、私自身が気付いていなかった。

二日前、中間発表会で我がクラスと同じように声が出なかったクラスと交流会の予定が入っていた。中間発表会の屈辱を挽回し、その成果を見せ合う場にしたいはずだ、と担任は思っていた。しかし、その期待とは裏腹に、我がクラスも交流クラスも中間発表会よりひどい歌声、態度だった。私はとうとう

「これでは交流会の意味がない。中学校の合唱はもっと真剣に歌うものだ。真剣に歌いたい人、中学校の合唱をしたい人だけでもう一度！」

と叫んでしまった。二回目を歌い始めた。どちらのクラスも明らかに変わった。しかし、合唱部所属の女子が泣いて歌えなくなっていた。私も彼女の涙を見て、怒鳴ってしまったことを反省していた。もっと違う言い方ができたはずなのに、自分の技量の低さが情けなかった。

とうとう一日前を迎えた。今日は最後の仕上げの日だと、担任は練習前から張り切っていたが、生徒の方は、清掃をいい加減に済ませて練習に臨もうとしていた。私は、ガッカリして練習に参加するのをやめた。合唱実行委員には、練習に参加しないことと、その理由を考えておくように伝え、教室に残った。運良く、生活ノートが全員提

出されておりまだコメントを書いていなかったので、一人ひとりにメッセージを書いた。

本番当日の生活ノートには、一日前の練習のことが書かれていた。「交流会で目が覚めた」「交流会で叱られて悔しかった」「昨日はみんな本気で歌った」「最後の練習でもふざけている人がいる」「このままでは不安」と様々な感想があった。少なくとも、不安な気持ちでいる生徒に対して、なんとかしてあげたいと思った。幸い、合唱祭の直前の授業が道徳である。

私は討論会を持ちかけた。

「このまま、本番を迎えていいのでしょうか。まだ伝えていない想いを伝える時間にしなさい」

と言って指名なし討論をさせた。合唱祭実行委員、パートリーダー、指揮者、伴奏者、学級代表委員等が入れ替わり立ち替わり発言した。

「みんな口をもっと開けてください」

「並ぶ時からふざけないでください」

「指揮者を見て歌ってください」

「何度も同じことを言わせないでください」

誰に言っているか分からないような漠然とした意見が続いた。正直、一番ふざけていた生徒まで、自分のことではないように意見を述べている。みんな、自分はきちんと歌えていると思っているようで、自分ではない他の人に意見が言われているかのようにうなずいている。

私が介入する。

「きれいごとばかり並べていて、解決しますか」

そう言うと、実名で責めてもいいのかと質問が来る。発言には十分気をつけて討論しようと助言したが、誰も本質を突く意見は言えなかった。

数名があせりを感じ、涙声で訴え始めた。自分の非を認め、改心した意見もちらほら出てきた。前日の練習に担任が来なかった理由は、自分たちが清掃をちゃんとやらなかったからだ、と反省する生徒も出てきた。

授業、残り十分。私が「本気」について話す。本気の度合いは人によって違う。極端な人は、合唱が始まっても適当に歌い、サビのところになって気持ち良くなったから本気で歌う人もいる。それを本気と言うのかと聞く。

「いや、出だしからちゃんと歌っていなければ駄目だ」

「いや、体育館に入った時からずっとだ」

と生徒から発言が出る。

伴奏者がいつから本気だったかを話す。合唱曲が決まった七月から一二月までの五カ月間、ずっと本気だったことを伝える。毎日一～三時間もピアノを練習したことを伝える。

「私が止まってしまったらみんな止まってしまう。ピアノが怖くなった」

「間違えてしまった時、自分で笑ってしまって、そんなことをする自分に腹が立って辛かった」

「手がさけそうになるまでピアノを弾いた」

誰も教えてくれる人はおらず、たった一人で頑張ってきたこと、指揮者も同じであることを伝える。自分で伝えながら、彼女の本気度に応えてあげられなかった自分の力不足を感じて、涙が流れた。しかし、次の二つだけは伝えたいと思った。

「みんなは、自分がミスをしたらみんなに迷惑がかかるという必死の想いで練習しましたか」

「みんなはどこまで伴奏者、指揮者の本気に応えられますか」

と話して時間となった。

給食の後は、会場準備のため、先に体育館入りをした。あとはみんなを信じて本番を迎えるしかなかった。後で聞いた話だが、体育館に入場する直前の教室練習は、全員が真剣に歌い、最後にエールを交わし、気持ちを高めて体育館に向かったそうだ。本気になった瞬間であった。二人の生徒の作文の一部を紹介する。


『僕の本気』

伴奏のFさんが、夏休みが始まる前から努力していると聞いた時は、自分が恥ずかしく思えてしまい、最後の練習でふざけていたことを後悔しています。本番前の円陣を自分からやり、一二〇パーセントの力を出し切れたので、少しでも、ほんのちょっとだけ後悔の分を取り返せると思います。


『本気で歌うこと』

四時間目の授業が本川先生じゃなかったら、本気を出して歌っていなかったと思う。自分が本気でやっていなかったことがよく分かった。恥ずかしかったし、悔しかった。なんで最初から本気でやらなかったかと後悔した。ずっと心に残っていた。歌ったあとはとても気持ちが良かった。

私に足りなかったことは、

個別評定をする。

ことだった。これは、長谷川氏の実践でも行われていることである。私は、昨日より良くなっている点を褒めるに過ぎず、目標レベルを示し、個別評定でレベルを上げることをしなかったのだ。その挙げ句に、自分の望むレベルになっていないことを生徒のせいにして怒鳴ってしまったのである。毎日の練習レベルを上げることで、もっと早くに本気にさせることができたはずだ。もっとも大きな反省点である。

しかし、わずか五〇分の討論の中で、彼らは、自分たちが本気でないと気付くことができた。そして、仲間のために本気になろうと、意識を変えることができた。それは、日常生活を大事にしてきたことが、ベースにあったおかげだと思っている。

5　リーダーの育成

日常生活を向上させるためには、リーダーの存在が欠かせない。幸いにして、クラスには多くのリーダー候補者が在籍していると感じていた。リーダーを養成するために、長谷川氏が実践していることは

良い行動は、本人を褒め、全員の前で褒め、通信で褒め、親にも伝える。

である。私も、今年は意識的に実践するように試みた。

合唱祭実行委員のGさんは、四月から頭角を現していた。しかし、合唱祭の取り組みの中で、さらに驚かされたことがあった。初めて、全クラスが合唱曲を披露した日、我がクラスの課題がはっきり見えた。さて、どのように生徒に伝えようかと私が思案していると、Gさんが走ってきて、こう言った。

「先生！　怒らないでください。僕がみんなに今日の問題点を伝えますから」

二つ驚いた。一つ目は、こんな優秀なリーダーが私のクラスに居たんだということ。二つ目は、私は、そんなにいつも怒っているのかなあということ。どちらにしても、せっかくのGさんの気持ちに応えたいと思い、

「君に任せます」

と伝えた。Gさんが素晴らしいリーダーであることは、その後のいろんな場面で証明された。パートリーダーとして、わずかな時間を上手に使っている。ふざけている生徒に対しても決して怒らない。常に笑顔である。しかし、厳しく言うべきことも言う。音楽の授業が自習になった時、Gさんは、まだ音が取り切れていない生徒を集めて、個人指導もしてくれたそうだ。男子のCDが一部の音が飛んで、練習に支障があったので、再度録音したいと話すと、快く男子分二〇枚を一晩で作り直してくれた。しかも、CD表紙付きであった。私だったら五、六時間はかかると話すと、Gさんは一時間半ほどでできた、とあっさり述べた。これを聞いていたクラスの生徒は、Gさんに対してさらに信頼感を高めたようだ。もちろん、学級通信にも取り上げ、お母さんに話をした。

もう一人の合唱祭実行委員のFさんは、前述の伴奏者でもあり、一番の功労者である。彼女は、春の学校で意識を変えた一人である。中学校では、些細なルールも守らないといけないと強く学び、それからの彼女は、何事にも一生懸命になった。体育祭の旗の担当に立候補し、当日、糸がほつれたからと、昼休み中に、針を持って直してくれた。小学校時代は、注意をしても聞いてもらえず、自分はリーダーにはなれないと思っていたようだ。現在は、

他のリーダーのように、自分も積極的に何でもできる人になりたいと意思表明し、班長に立候補して活躍中である。

彼女が、合唱祭前日にみんなに送ったメッセージを紹介する。

四組には、一組の力強い歌声に勝てる力があります。
四組には、二組の女子のキレイな声に勝てる女子がいます。
四組には、三組の仲の良さに勝てる友達がいます。
四組には、五組の音楽の先生に勝てる先生がいます。
四組には、六組のとても大きな声の男子に勝てる男子がいます。
四組には、七組の団結力に勝てる力があります。
四組には、八組の声量に勝てる声があります。

パートリーダーのＨさんは、体育委員として、四月から仕事をする機会に恵まれていた。私が、彼女に指示したことを彼女は忠実に守ってくれた。それは、体育祭の走順を発表する際、名前を先に呼んでから、走順を言うことであった。その後、いつの間にか他の生徒までがこの技術を使うようになっていた。帰りの会での連絡も、シンプルで明確に連絡がされるようになったのも、Ｈさんのおかげである。Ｈさんは、合唱祭直前まで、自分が担当するパートの二人の生徒の口が大きく開けられないことに、ずっと責任を感じ、毎回、自分が手本となるように歌い続けてきた。しかし、前日になっても変わらないことに、自分自身の発想を変えた。自分が二人分、三人分の声を出そうと考えた。気持ちが楽になり、笑顔で歌いきることができた。

この他にも、多くのリーダーが育っている。日常生活の中で活躍している。生徒の小さな努力を見逃さず、認め、伝え、繁栄させていくことで学級全体が成長している。解散式が、今からとても楽しみになっている。　**（本川由貴子）**

第Ⅳ章

合唱を別次元の仕上がりにするための指導のポイント

志士舞サークルメンバーから長谷川への直撃インタビュー

Q＝志士舞サークルメンバー　A＝長谷川博之

Q1　山梨セミナーで、懇親会の時に何人もの方から、合唱について質問があったと思いますが、みなさん、合唱のどの部分にひかれたのだと思いますか。

A1　全員が本気でやっているところだと思います。

あと、子どもたち全員が体を揺らしているとかですね。そういうのが衝撃的だったのだろうと思います。

1　全体の一体感はどうすればつくれるか

Q2　子どもたち全員が体を揺らしているというのはかなり衝撃的だったようで、何人もの人がどうやったら体を揺らすようになるのかっていうことを質問していたのですが、もう一度そのことについてお話ししていただければと思います。

A2　はい。今日見せた合唱というのは全員が同じような動きをしながら、歌を作っている、合唱を作っているのですが、まずそれが最終形態ではなくて、最終形態はその奥に一人一人が自由な表現の仕方、体の使い方をしながらしかも全員の息がそろい、合唱になっているという段階があるよ、という話を懇親会でしました。

それで、では全員がまずは、その前の段階として一緒に合唱を作っていくという意味での体の動きというか、全体の一体感をどうやって出すのかという質問がありましたけれども、やれといってできるものではなくて、子どもたちがたぶんそれが必要だというふうに判断して、やろうやというように話し合って、やるようになったのだと思います。

そこに至るまでには、自分を表現することに心地よさを感じる子どもたちになっているかどうか。

あるいは一人の重要な提案に、そっぽを向かずに、「いいねそれ！」というように、気持ちを同化させるというか、同一の気持ちを持ってくれる、そんな関係になっているかというような、様々なことがかかわってくるのだろうと思います。

一番大事なのは、自分を引っ込み思案だとか決めつけることなく、性格なんて関係なく、自分を表現する場で、堂々と伸び伸びと表現しようとすることです。

それが楽しい、嬉しい、喜びだと思える経験をどれだけ積ませたかどうか、楽しいなぁ、気持ちいいなぁという経験をそれまでにどれだけ積み上げさせているかどうかです。私はそういうふうに考えるわけです。

たとえばそれは、国語の授業の中でもいくらでも可能で、「話す聞くスキル」であるとか、「暗唱詩文集」であるとか、教科書教材でもいいですけれども、暗唱させたり、音読させたり、朗読をさせてみたり、あるいは、指名なしの発表をさせてみたりとか。討論の授業で自分が言ったことが極めて重要な論点になって討論が展開されたとか、論が動いた、質問がいくつも出た、説得力があった、みんなからすごいと言われた、そういったことが、一個一個子どもの経験として蓄積され、そのことを心地よいと感じたその心地よさが残っており、積み重ねられ、その結果として、誰が何人見ていようと、五百人六百人が目の前にいようとも、自分を堂々と表現できるという形になっているんだろうと私は考えます。

2　この場面で歌う姿が変わった!

Q3　具体的にこの子がこの場面で自信を持った、自己表現を得意になったから合唱が変わった、その子の歌う姿が変わったっていう具体的な場面を教えていただけると嬉しいのですが。

A3　たとえば、まったく発言ができないとか、音読の声が聞こえないような子が音読をし、発言をするようになるというのはありますよね。特にこれは男子であるかな。それは授業の中で意図的にそういう場を作るのです。たとえば、その子がノートに書いた答えを、私が机間巡視でちゃんと見取っておいて、それから発言・指名を意図的に組み立てるのです。指名なしではなくて、意図的にA誰が言って・B誰が言って・C誰に言わせておいて、挙手をさせておいて、意見をこちら側になびかせておいて、そうした上で、その子に意見を言ってご覧なさいと告げる。その結果によってみんなが「ああそうだったのか!」「すげえなあっ○○って!」と感嘆する。それで挙手をさせると、意見の分布がその子の側に移っていると。そういう経験をさせるというのは当然、ありますよね。年間を通してたくさんたくさんありますね。

自信のない子に自信を持たせるには授業に意図的な指名が必要で、そのために教師は机間巡視をするわけだし、子どもの発言を組織できないといけない。そういうことはやっています。

Q4　中学二年生、教師になって初めて担任したときの合唱指導とかのことを、覚えていたら教えてください。

A4　合唱はたぶんですね、私自身が、まだ中学校の合唱というものの一流のレベルを知らなかったですから、新卒の当時はまだ。一緒に歌って、とにかく、きれいな合唱を作ろうって言ったんじゃないですかね。声の大きさとかもそうなんだけども、私は基本的には合唱というのはハーモニーだと思っているので、その和音というのかな、それがどのように歌ったらきれいに聞こえるのか、ということに気をつけて、バランスを取らせたのではないかなと思います。よく覚えていないけれども、失敗もあると思う。失敗した点というのは、バランスを取ることを意識したために、大きな声を出して一生懸命やっている子の、その声を若干小さくするように言ったようなことがあったかもしれません。その結果、合唱全体が小さな声になっていったというのがあるかもしれません。今では絶対にやりませんけれども。今ならば、大を小に合わせるような指導はしません。

3　新卒一年目から何をすればよいのか

Q5　山梨セミナーの講座の中で、新卒一年目から合唱についてはこういう考えをもっていて、こういうのを語ってきたというような話があったと思うんですが、それを詳しく聞かせてください。

A5　新卒一年目からやっているというのは、合唱についてよりもたぶん、自分のクラスが学年のトップをいかなければいけない、それは、まぁ勉強もそうなればいいのですが、まずは行事、何より日常生活の質の高さ。そこで自分の学級が学年のトップを走れば、他も刺激されて確実に変わる。私が他の学級に行って、だらしないとかなんだとかとやかく言わなくとも、事実で語ればいい。そういったことを、新卒当時から考え、学級通信にもその趣意などを書いていましたね。

小学校の先生から今日も複数質問されましたけれども、学年で、他のクラスとの差ができますよね、と。そのことを教員とか生徒はどのように思っているんでしょうかというような話がありました。私はですね、教員が何を思おうと関係ありませんというように答えました。それぞれがそれぞれの全力を尽くして子どもを育て、学級を高める。それが本道です。ルール違反をしたり相手を騙したりするのは論外であって、公開の場で正々堂々やるならば、それは正しいことなのです。

> 「そんなに頑張っちゃ駄目」だとか、「先生のクラスだけそんなに突っ走っても」とか言う人がいるみたいですけれど、低い方に合わせる必要はありませんよ。

企業が、力のない、仕事をしないところに合わせますか？　そうしたらつぶれますよ。教育の場における「護送船団方式」を、私は断固拒否しますね。私はとにかく自分の担当する子どもたちを伸ばしきればいい。他のクラスの子どもたちがどう思っているのかというのは、気にすることは気にするけれども、でもね、私が伸ばしきった子は翌年別の学級に出て行って活躍するんですよ。同時に、私は他の学級にいた子を担任するわけなのです。その時に私は全力を尽くせばいいんだというように考えているのです。

私はね、自分が「今までにないこと」をして非難されたら嫌だな、他がやらないことをして陰口を叩かれたら嫌だなという思いは持ちません。そういうことをしたい人にはさせておけばいい。そういう人がいくら私の悪口を言

っても、私は私でいつも笑顔で楽しく働いていますからね。正しいことをしているのに、

人に遠慮して目の前の子どもたちに対して自分ができることをやらない、自分の最大限というのを出していかないということの方が嫌なのですね。

それができないのであれば教師である必要はないと私は思っています。それぞれの教師がそれぞれのやり方で、自分の全力を発揮した結果、子どもがどうなるかっていうことなんですよ、教育というのは。全力も発揮せずに自分が楽をしたいからといって人の足を引っ張っているとか、学年の足並みをそろえろとか、馬鹿なこと言っちゃいけませんよと、私は思うのです。しつこく言ってくる人がいれば、私はそう言うでしょう。個人的に言ってもしょうがないから、職員会議や公の場で言いますね。陰口は絶対に言いません。時間とエネルギーの無駄ですから。

そういえば、ずっと前ですけれど、「学級通信をそんなに書くな」「他のクラスとのバランスはどうなんだ」と言われたことがありました。その時私は、通信の意義を述べ、他のクラスも書けばいいじゃないですかと返しましたね。それが必要だと思うから、私は貴重な時間をやりくりして通信を書いているのであって、必要ではないと思うからやらないんだろうから、必要でないクラスには必要でなくていいのではないですか、と。それは人それぞれの、担任それぞれの考え方があるじゃないですか。先生はそういう担任の個性とか担任それぞれのやり方というのを否定するのですか、と。それを一本にそろえようとして何がいいのですかと主張したことがあります。私は言うべき時には、言うべきことを歯に衣着せずに言います。

さて、話を戻します。

私の学級が先頭を走ると、他学級の子どもたちは悔しいからついてくるのです。「追いつけ、追い越せ」と。その結果としてたとえば合唱や体育祭競技でね、抜かれてもいいと思っています、私は。

だって、学年が活性化しますから。そういう学年が最上級生になった時、学校もまた大いに活性化するのです。それを子どもたちにも言っているし、学級通信にも書いています。

たとえば、合唱練習を、子どもたちは隠したがるのです、多くの学級は。でも、私の学級は全部オープンにします。カーテンなんか閉めてやっている学級なんかがあるけれども、かわいそうだなと思いますね、そういうのは。私のクラスは窓まで開けてやります。どこよりも早く昼休みの練習を始めます。ドアを開けっ放しにして、ね。合同練習をしてくださいと言われればもちろんいいですよと受けます。その時点では自分の学級が優位にいっているわけだから、それを見せることによって向こうは目覚めるじゃないですか。それで、もっと頑張ろうと燃え上がって頑張るのだから、良いことなのです。

それが私が、担任外の学級にできることですよ。そういったことを私は新卒からやっているということです。子どもたちにもそれを語るということです。

自分たちだけでいいのか、自分たちだけでよかったら、伸びもたかがしれているんだ、他がこちら以上にやってくるからこちらももっとやるぞとなるんだ、一人勝ちの状態ではモチベーションが続くはずがないんだ。そのためには、まずはうちがトップを走って、他に火をつける必要がある。うちが起爆剤であれと、いうふうに子どもたちに言っているし、私もそのように行動をしています。

それで、私が育てて、育てきった子どもたちは、次の年に私の学級にいないわけです。他の学級に行ってそこを引っ張っていく存在になるわけです。現実に今もなっているしね。そういった形で学年を作っていく。二年生で担任できなかった子は三年生で担任する、一・二年で担任できなかった子は、三年になってうちの学級に入ってくるわけです。合唱もやらないような子たちがですよ。そういった子を三年で持って、うちの学級から出て行って頑張っている子たちが率いる他学級よりも上に行かせるというのが教育ですよ。私は毎年解散学活で子どもたちと約束をします。次の二点です。

一　去年の学級の方がよかったとは絶対に言わない。
二　この学級を超える学級を、必ずつくりあげる。

そういうのをですね、私は新卒からやっている。誰に教えられるでもなく、私は、そういった生き方がしたいのでやっている、ということをお話ししました。

4　合唱は目的ではなく手段？

Q6　最近長谷川先生がよくおっしゃっているのは「合唱は目的ではなく手段である」ということですが、一番最初に聞いた人にはよく分からないこともあるのかなというふうに思うので、その辺について具体的に教えてください。

あと、指導の段階でどんなことを子どもたちに求めるとか、教師がやっていくのかということを教えてください。

A6 合唱で最優秀賞をとるというのは、目的じゃなくて手段です。

最優秀賞をとったことで、それ以後に何ができるのかというのが大事なところなのです。

最優秀賞がゴールだとしたら、最優秀賞をとった後何が残るんですかということですね、私が言いたいのは。たとえば学校づくりを使命とする三年生で、合唱コンクールで優勝したのに、始業式や終業式の歌を本気で歌わないというのは、私に言わせればナンセンスなのです。無意味。点数を付けられないとやらない、賞状が出ないと頑張らない、という打算まみれの学級では駄目なのです。そういう状況では、最優秀賞の賞状などただの紙切れなのです。

賞状の出ないところで一番になれ。誰が見ていなくても汗を流せ。

これが私と私の学級の子どもたちとの合い言葉の一つなのですが、日頃から日常生活を大事にしつつ、行事の時には本気で努力し、終了後に学級の質が高まる、生活の質がいちだんと高まる。そういうふうに持って行くのがこちらの仕事です。日常生活をきちんとやっている学級が優勝すれば、周りもちゃんと評価し、祝福してくれるものです。

さて、先生の学級が最優秀賞をとったら、他の学級は祝福してくれますか？　同僚が先生を祝福してくれますか？　思い返してみてください。もし祝福されないようであれば、先生のやり方のどこかに欠陥があるということです。もちろん嫉妬の炎でこちらにとばっちりを食らわすような人もたくさんいますが、そういう人の悪口を言うより、「自分のやり方のどこかが間違っていた」と反省してみる方が生産的ですし、楽しいです。

祝福されないということはおそらく、利己・利己・利己で、自分たちだけ頑張ればいい、子どもたちが伸びたことによって、あるいは子どもたちの合唱が評価されたことによって、自分たちだけ良ければいい、そういったエゴの表れかもしれません。私はそういうふうに感じますし、自分はそういうのは嫌だなというように感じます。若いうちはそういうぎらぎらしたところが必要ですけれどね、一面。三〇にもなってそれでは恥ずかしいことだと私は感じます。

だから最優秀賞を子どもたちとの共通のスローガンにしてもいいのだけれども、最優秀賞をとることによって何ができるのか、最優秀賞をとることにどんな価値や意味があるのか、というのは、きちんと突き詰めて考えておかないといけないですよね。教師は特に。考えに考え抜いてはっきりした答えを見つけ、それを子どもたちに下ろす。君たちはどう思う、と。あなたたちもそう思うかい、だったら一緒にやろうという形で作るのではないですかね。

そうじゃないと、みんなが勝ち勝ち勝ちって、

> 日頃は協力しろとか学年全体でまとまれとか言っているのに、その時だけ敵になり、喧嘩みたいになる。

それは教師も子どもも未熟だからです。一般的な担任というのはそういう過ちをしてしまうのです。子どもだっ

て、真剣に教えてくれる人がいなければ、そういう低次元に留まってしまいます。

私はそれを「仮想敵国作り」と言って、断固拒否してきました。私も昔やられたことがありますよ、それを。私の学級を敵みたいな扱いにして、「あのクラスにだけは負けてたまるか」とかね、他にも学級はあるのに私の学級をそういうふうにやるわけですよ。できの悪い国みたいですよ。担任は独裁者ですか、と。私から言わせれば、くだらない。教師としてあるまじき行為だと思います。自分の名誉のためだけにやっている。自分に光を当てるために子どもを使っている。そんな感じがします。そのことを周りがどう思っているかさえ見えていない。とにかく自分の学級、自分の名誉、そして自分の努力が報われることばかり考えている。そういったことは私は嫌です。だから合唱は目的じゃない、合唱は何かをするための手段だということを言っているんです。そういうことです。

Q7　ありがとうございます。かなり詳しい解説だったので、ではそういう方向でいきたいなという人がいると思うのですが、そうした時に子どもたちにこういうことを働きかけるとか、日常のこういうところを大事にさせるとか、先生はこういうことを大事にしてください、というのを教えてください。

A7　繰り返しになりますが、合唱は目的ではなく手段です。

> では目的は何かと言えば、学級の成長と、個々の子どもの向上的変容でしょう。

それが分かっていれば、何を大事にすべきなのかがはっきりするはずです。合唱と同じ手段である、日常生活の細かなところ、まあ細かなところといっても全部きっちり詰めるわけではありませんけれども、掃除であるとか給食当番であるとか、授業態度であるとか委員会活動であるとか、そういうことを一所懸命やらせることです。

たとえば、よく次のような質問をされるのです。

> 合唱で男女が協力できないのですが、どうしたらよいですか？

合唱で協力できないということは、掃除で協力できていませんよ。合唱で男子が歌いませんという相談もありますよね。女子が何とか言って喧嘩しているとかね。それはね、普段からそうだから合唱でもそうなんですよ。ということは、普段を直さなければ合唱もうまくいくはずがないということです。あるいは一時的に団結を演じても、合唱コンクールが終わったらまた空中分解している、とかね。おそらく、いい合唱にはなりませんよね、それは。見た目の良い合唱はできるかもしれませんが、見る人聴く人の心に響く合唱にはならないと思いますね。

> 合唱で現れるクラスの問題点は全部日常生活に現れてますから、日常生活を直すのが先決です。

合唱はやらなくてもいいものです。でも日常生活はやらなければならないものなのです。日常生活の中で協力することとか、順番を守ることとか、グループで活動することとか、そういうことを、目標を立てて達成するとか、みんなで実現するとか、そういうことを身につけていくわけですよ、日本の学校というのは。小中学校というのは。

そういうことの方が大事ですよね。そこを疎かにして合唱をやるなんていうのは、先生自身がまずいと感じるべきことだと思います。

合唱は年に一度、たった数週間の取り組みです。つまり、非日常です。

授業、当番活動や係活動、専門委員会。こちらは日常です。


他のことはいいかげんでも合唱だけは頑張る。これでは本末転倒です。

「日常はだらしないけれど合唱の取り組みを通して学級を良くし、日常生活の態度を直す」と言って、コンクールの後、実際にそういう状態が「三月の解散まで」続いている学級は、ほとんどないはずです。

子どもたちに語るべきは日常生活の大切さ、日常的な努力の尊さであり、そこを協力して、手を抜かずにやっている集団ならば、合唱もまたすごいものになっていく可能性が高いのです。

5 練習なのに音楽専科が涙したわけ

Q8 昨年度の長谷川学級の子どもたちは、四月は小学校からのいじめとか、あと卒業式で歌わない子がいたとかいろいろなことがあったと思うのですが、一一月、その子たちの合唱を聴いた音楽の先生が、練習なのに涙を流したという話を聞いたことがあります。そこまでに変わった経緯は何なのでしょうか。
A8 学級経営ですね、これは。もうこれしかない。

学級がうまくいってるから、音楽の授業とか放課後練習で、音楽の先生が泣くような感動的な合唱ができるわけですね。

合唱のための合唱ではなくて、学級経営をやってきてそれがうまく軌道に乗りつつあって、それをもう一段上に上げるとか、団結力を高めるとか、言い方はいろいろあるのだけれども、そのために、合唱があるのですよね。私の場合はね。

ですから、コンクールが一一月にあっていいと思うし、学校全体としての合唱練習は二週間くらいしかやらないけれども、その二週間を、必死にやっていく、全員でやっていく、そのことによって学級経営のステージがまた一段上がる、学級のレベルが一段上がる、というのを経験したのです。そのプロセスが、音楽の先生を泣かせるような合唱を生んだのでしょう、おそらく。

日常生活の質の向上とか学級の質の向上、それがあればこそ、一年生でトップバッターで歌ったのだけれども、それを目の前で聴いていた三年の男子が涙を流したのです。一年生の歌を聴いて三年生男子が泣く。そんなことはなかなかないでしょう。歌だけやっていたらそんなことできません。その歌が生まれるバックグラウンドを、やっぱり先輩たちも見ていて、そのクラスがどれだけ頑張っているのかを目にしていて、その上で、その歌の前に学級委員の女子が言った「勝ち負けじゃないんだ。私たちが求めているのは。この学校を変えたいんだ」という趣旨のスピーチ、魂のスピーチというかな、そのスピーチを聞いていたからでしょうね、おそらく。

> そういうバックグラウンドが見えるというか。バックにあるもの、背景にあるものが見えてきて、歌い手の思いが伝わって涙が出てくるんだと、私は思うんですね。

ですから、セミナーで時折合唱を見せますけれども、その合唱の裏側にあるものを見取れる人たちが感動するのだと考えています。あの合唱の裏にどんな積み重ねがあるのだろうかとか、この学級はどんな葛藤を乗り越えてこの合唱を創りあげたのか。合唱だけ見てどうにか言うなんて、そんなことは誰にでもできることで、それは素人のおじちゃんおばちゃんとかね、お兄ちゃんお姉ちゃんの行為だと思うんです。「あれども見えず」をどこまで見取り、自分の言葉で語れるか、でしょうね、大事なのは。

だから私も、講師の人とかのＶＴＲ見る時にはそういうふうに見るようにしているし、画面に現れないところをどれだけ読み取れるか、その実力を伸ばしたいと私は思っていますね。

6 〝自分を堂々と表現する〟とは

Ｑ９　その年の子どもたちは一学期の終わりに、自分の成長したところを指名なしで言っていました。長谷川先生が言ったように、「自分を堂々と表現する」というのは合唱をやるにもとても大事なポイントだと思います。それが入学後三カ月強であれだけできている、全員が次々に、いくつもの考えを発表していけるようになっている。たとえば、あのような指名なし発表ができるようになるまでの経緯というのは、どんなステップがあるのでしょうか。

Ａ９　それは、ひたすらやらせることですよね。

> 声を出す、声に出すという活動をたくさんやらせます。

挨拶から始まって、短いスピーチ、音読、暗唱、朗読、書いたことの発表、そういうことからコツコツやっていくしかないでしょうね。

Q10　たとえば、初日から指名なし発表をさせようとしても無理じゃないですか。でも、子どもたちに自信を持たせるために、自己表現ができるようになるために、先生が初日からやっていることとかはありますか。黄金の三日間などで。

A10　意図的にやっていることは、発言の機会をたくさん設けることくらいじゃないですかね。何か特別にやろうとか思ってはやっていませんね。

> 黄金の三日間は、とにかく活動させる。楽しい雰囲気を作る。その中で言わせて、褒めるとか。

そういう機会をどうやって作るかが大事だと考えます。言いたいなあと思わせるような発問をするとかね。面白い授業をするとか、そういうことじゃないですかね。ＴＯＳＳランドやＴＯＳＳの書籍にはそういう具体的なアイディアがたくさん詰まっていますから。そうやって発表させて、言ったことそのものを褒めていくと。「とてもいいね、百点！」とか、「そういう意見聞きたかったんだ！」とか、褒めて、認めていく。

> 「ああ、この先生は僕たちにこうやって発表をさせるんだな。発表をすることを大事にする先生なんだな」という思いを、初日から持たせていくのです。

7　どこにある？　〝文句ばっかりいう〟の原因

Q11　例えば、伴奏者とか指揮者の人が上手くいかなかったりすると、どうしてもそういうのを責めるような発言が出たりもする学級もあると思うんですね。そういったときにどんなことを語っていったり、どんなことをやったりしていけばいいんでしょうか。

A11　それはですね、伴奏者とか指揮者が間違えたり上手くいかなかったときに文句が出るというのは、その時までの学級経営が悪いということなんですよ。日頃から互いに文句を言っているから、そういう場面でも文句が出るわけです。日頃人の失敗に対して責めるようなことをしている集団だから、合唱でもそうなるわけです。合唱だけ特別に問題が起きる、などということは一切ないのです。まずそれを認める。

そして、気付かなきゃいけないのは、先生がそういうことをやっていませんか、ということですね。日頃、やらない子、できない子を責めるようなことばかりしていませんか。

> たとえ上手でない伴奏者や指揮者に対してでも、いい思いを持っていますか、感謝の思いを持っていますか、と私は問いたい。

彼らはボランティアでやっているわけですよね。誰かがやらなきゃいけないからね。好きでやっている訳じゃないと思いますね。それで努力してくれているのを、先生自身はどれくらい感謝していますか。

感謝の気持ちを、言葉にして、そして学級通信で、どれだけ伝えていますか。

そういうことを子どもたちが見ていればね、先生がそれだけ言うんだったらば、あいつら確かに頑張ってるのだからたまには声をかけようかな、とかね。あいつらも頑張っているのだから俺も頑張ろうなとか、頑張っているのだから俺たち文句は言えねぇよなって、なりますでしょう、人間だから。

だから、問題を解決するために大事なのは、日常生活で何を積み上げてきたか、なのです。合唱直前だとしても、直すべきことはもう一回見直して、直していくといいんじゃないかな、と思うんですね。たぶん先生が変われば、子どもたちも、合唱も変わると思いますよ。

Q12　歌わない子が歌うようになるのが、やはり指導であって、教師のすべきことだ、そこが楽しいんだというようなことも話されていたと思うんですけれども、そういった歌わない子たちが、現実に多くの先生方の目の前にいると思うんですね。そういった子たちにどんな働きかけをしていけばいいのでしょうか。

A12　「歌え」と言う（笑）。「おまえ歌えよ」とまず言いますよね。歌うのがあなたの義務だ、と。使命だと。あなたの仕事だと、言いますね。それは言わなくてはいけません。伴奏者や指揮者の努力も、全体に何度も語っていく必要がありますね。

あとはその子の置かれている状況によって違うんですよ。

何でその子が歌わないのかという原因を、先生がちゃんと把握できるかどうかですよ、それは。

歌うことが本当に嫌で、何かトラウマを持っているのかとか、音痴を馬鹿にされた経験があるかとか、そういう心の傷があるのかもしれないしね。人前で意見を言ったり動いたりする、そういうことが極度に苦手、そういう子もいますよね、確実に。何が原因なのかをはっきりつかむのが、まずすべきことでしょうね。

一方で、わがままで歌わないという子もいますよね。わがままで歌わない子は許してはいけませんよ。「歌いなさい」と言うでしょう。「学校というのはね、自分の好き勝手やる場じゃないんだ。好きなことだけやってりゃいいというのはあなたの家でのことであって、学校というのは、やりたいかやりたくないか関係なくやらなきゃいけないことがいっぱいあるんだ、それが学校だ。それが社会なんだ。やりなさい」これでいいんじゃないですかね。やりなさい、と毅然と言います。

また、集団の教育力を使って、他の子どもたちに思いを吐露させていくこともします。向山型のいじめの指導のように、です。必要ならば保護者も巻き込みます。

それでもね、なんだかんだ言って歌わない子、ふざけんな歌わねえとか言う子がいるとしたら、「何でこの子はこんなに意固地なのか」と考えるんですね。「なぜこの子はこんなに反抗してくるのかなあ」と、冷静に考えてみるのです。先生が言うことにそんなに反抗するということは、合唱以前に、日頃から先生のことを良く思っていないということでしょう。私にはそう思えます。

そんな時は「俺のやり方は間違っていなかったか」「俺はこの子に対して何をしてきたんだ」「何をこの子に与えてきたんだ」ということをじっくり考える。そして、いくつも具体的な方策を考えて、一つひとつやってみる。

たとえば合唱練習後に残して一対一で話をしたり、家庭訪問をして家での様子を尋ねたり、養護教諭や相談員さんに思いを聞き出してもらったり。いくつもできるはずです。合唱をやるやらないから一歩離れて、話題を変えてみるのもいいでしょうね。

先生との関係作りが一番大事です。それが私が言っている日常生活が大事なんだ、ということです。

学校行事というのはね。教師の日頃取っている行動が出るわけです。子どもたちの日常の姿、日常の関係がはっきりと出るのです。ごまかせない。だから、何でこの子はこんなに俺の言うこと聞かないのか、私の言うことを聞かないのか、というふうに考えた方がいいですよね。「この子は何で歌わないんだ、何なんだコイツは！」じゃなくてね。それもあってもいいんだけれどもね。何なんだコイツはっていうやついっぱいいるよ、今。わがままでね、てめぇのことしか考えていない子がね、いっぱいいますよ、そりゃ。でもね、そういう子にひるんじゃいけないよね。ひるんじゃいけない。なんなんだよ、歌わなきゃ駄目なんだよって。ケンカしたっていいですよ、すべきだと判断した時にはね。何でおまえ歌わないんだって。わがままで歌わないのは許されないぞって。俺は許さないぞと、やっていいですよそれは。冷静な頭でなら。このクラスの一員である限りおまえは歌うんだ、俺のクラスである限り俺の言うことは聞くんだ、と。

でもね、それを言う前に、その子に対して何をしてきましたか、先生自身がその子に何を与えてきましたかということを自問するといい。その子の幸せのために、自分は何を頑張ってきたのかと。一一月までの七カ月間。

そこを抜きにして、子どもにだけ要求しても無理です。子どもは余計反発して、先生の言うことを一から十まで聞かなくなります。

それは目に見えています。なぜならば、信頼していない人の言う言葉なんて、聞きたくないからです。信頼してない人の言うことなんて、聞きたくないでしょう。命令だと思うでしょう、やらされていると感じてしまうでしょう。

信頼関係のないところでいくら叱責しても、効果はゼロどころか、マイナスなのです。

逆に、尊敬している人に言われたことなら命令だなんて思いませんから。そのあたりもですね、一回振り返ってみるといいんじゃないのでしょうか。

信頼や尊敬を集めるのは、ひとえに、日常の先生の生き方、働き方そのものですよ。自戒を込めて話しています。

8　問題が起こったときの〝話し合い〟のコツ

Q13　男子と女子で、たとえば男子が一生懸命自分たちでやっているつもりであっても、結構厳しい女の子たちっているじゃないですか。もっともっと男子にもやってほしいって、女子はこんなに頑張ってるのにって。そういった事態になっている時、話し合いとか長谷川学級ではするのでしょうか。そうならなくても、合唱の時に話し合いっていうのはするんでしょうか。

A13　必要ならしていいんじゃないですか。折に触れて、必要ならする。話し合いをするというのが先にあるんじゃなくて、必要ならするんです、話し合いを。

それで、そういう場合に、たとえば、女子が「男子が本気でやっていない」というのだったら、こう言います。

> では、あなたたちの本気を男子に見せてみなさい、本気で歌ってごらんなさい。そうやって具体的に示した後で、男子にこうやって本気でやってほしいと言えばいい。そうすれば男子もイメージできるでしょう、と。

「本気」という言葉の捉え方が人それぞれだから、混乱が生じるわけです。「俺たちだって本気でやっているよ」とかね。非生産的な言い合いになることって、よくあるのです。

「本気で歌う」と言っても、イメージできないわけだから、子どもは。だったら女子の本気を見せてご覧なさいよ、それで、男子はそれ以上の本気で今やってみなさいよ、という形でやったら、うまくまとまるんじゃないですかね。こういうことはその場で対応していくしかないですね、子どもたちの現状に合わせて。一瞬の判断です。私だったら、こうする可能性もあります、というのを、今一瞬頭に浮かびましたので言いました。

Q14　合唱祭に向けての話し合いみたいなのは、今までにあったんでしょうか。

A14　何の話し合いかということですね、それはね。合唱祭に向けて話し合いが必要という時、何の話し合いが必要なのかな。目標ですか？　共通の目標を決めるとか？　そういうことだったらやっていいんじゃないですか。短くでも、何でも。いいと思いますよ。

私の場合、昨年、隣の学級が上手くいかなくて、合唱も練習から本番まで、良い形ではなかったんですよね。だから今年の七月、合唱の目標を設定しようとした段階で、「もう合唱なんてやりたくない」と言う子たちがいっぱいいたわけです。「また合唱の季節がやってきてしまった、嫌だ」と発表したり日記に書いたりする子たちが何人も何人もいたのです。

そこで私は、なぜ失敗したのか、ということを分析させましたね、授業の中で。

逆に昨年度長谷川学級だった子どもたちには、どうして成功できたのか、何でまた合唱をやりたいと思うのかというのも分析させ、発表させました。まっぷたつに分かれましたね、意見が、反論とかじゃないんですよ。まっぷたつに立場が分かれたんです。

一方は「やりたくない、去年があるから」。もう一方は「やりたい、去年があるから」。

次から次へと意見を言わせ、最終的には「全員でやろう！　頑張ろう！」という方向にまとめていきました。楽しかったですね。文字通り真剣勝負でした。ぐったり疲れましたが、とってもいい時間でした。

その日は自由参観で、他学年の保護者が参観していたのですが、「すばらしい授業だった」「感動した」と校長先生に言って帰って行ったそうです。校長先生に言われました。

Q15　去年の合唱が終わった後、子どもたちの日常生活はどのように変わっていきましたか。

A15　はい。もう、喧嘩とかトラブルは、三月まで一切起こっていないはずです。

私はたぶん一回も叱ってないはずですね。一一月以降、三月の解散まで。

二学期の終業式後の学活で、私が学活を閉じようとしたら、「少し時間をくれませんか」と子どもたちが言うのです。何が起きるのかと思ったら、合唱コンクールの曲を歌って聴かせてくれました。半数くらいの子が泣きながら歌っていました。その後、私に向けて「呼びかけ」をしてくれました。四月からの九カ月間の出来事を、一人ひとりが言っていくのです。まだ中一の二学期ですよ。心が震えました。

三月まで褒めることばかりでした。また、子どもたちが企画することを「よしよし！　やろうや！」っていう日々でした。

いじめとかも一切起こりませんでしたね。だから、安心して生活できて、充実感を感じて、自分たちもやればできるんだという自尊心がどんどん高まっていったように見えました。それが三月の学級演劇につながっていくわけですから。あの合唱の経験があって、あの演劇があるわけです。

そして、三月。解散学活は全員が泣きながら合唱をしました。一一月に歌った曲に加えて、新たな曲を私に秘密に練習し、聴かせてくれました。もちろん、呼びかけもありました。「卒業式じゃないんだから」と言いながら、私も泣きました。

もう、いい学級になりましたね。一年経った今も子どもたちが言います。合唱と演劇の感動を、口々に。それに、昨年の学びを振り返って、私にメッセージを書いてくる子もいます。

Q16　今年の長谷川学級の合唱はどんなふうにやって、長谷川先生がどのように働きかけるのかというのは、たぶん興味のあるところだと思うんですが、それについて聞かせてください。

A16　私の学校というのは学校行事の準備が十日間くらいしかありません。体育祭は八日間です。それ以上やる意味はありません。授業をつぶしにつぶして日程変更を繰り返せば繰り返すほど、学力は低下しますからね。特に発達障害の子どもたちにとっては、百害あって一利なしです。

時間が限られているから、そこに向けて、個人練習している子はしているという形になっています。私は今年、手を出していません。私が何もやらずにどこまでいけるのか、楽しみだと思っています。それは、どういう意図かというと、去年私の学級で学んだ子で、第一線級に活躍した子はみんな出ていったのです。それで、第二線、第三線にいた子たちが、私から学び取ったことをどれだけ実行できるのかということを私は試してみたいのです。

去年私の学級ではなかった子は、そういう動きができませんでしょう。その子たちをどこまで率いていけるのか。引っ込み思案だった第二線、第三線の子たちがね。それを見て、それができるようになった時に、おそらく、化学変化がまた起こると。そういうふうに、私はそう信じているのです。

もう残り一カ月しかありませんけれども、私は手出しをしません。子どもたちを見守っています。困難な部分にだけ、手を入れています。

それが私は合唱は手段だと言っている意味の一つなんです。いい合唱、うまい合唱、だけではないのです。

行事は子どもを伸ばすためにあるわけだから。子どもが伸びればいいわけです。

合唱がもし下手でも一所懸命歌っていると。そういうふうにするために、今年は私は手を出さないという道を選択しています。

9　一番大事なのは〝目標をどこに置くか〟だ！

Q17　合唱に向けて、皆さんにメッセージがあればお願いします。

A17　学校行事はたぶんみんなそうだと思うのですけれども、特に合唱とか、学級でまとまってやるものは、

目的・目標をどこに置くかということがたぶん一番大事なんだろうと思います。

その目的・目標にですね、先生が日頃から一番大事にしていることが出るのだろうし、子どもたちが大事にするものも出るのだと思うのですね。そこを勝ち、勝ち、勝ち、勝ちばっかり大事にしているから、勝ちとか負けとかがないと校歌を歌わない学級になるんですよ。あるいは、勝ち負けがない授業や掃除は、真面目にやらないと。

評価をされないと何にもできない、というような人間になっていくわけです。評価されないところ、賞状の出ないところで一番になれ、というのが私の学級の学級訓ですから、私は間違っても、合唱、合唱、合唱、一位、一位、一位、最優秀、最優秀、最優秀という形にはならないわけですね。ならないんだけれども、結果的にそういうのが

ついてくるのです、そういう学級には。

十年間、毎年そうです。これは合唱だけでなく、体育祭もそうです。いろんな活動に共通しています。けれども、それは、優勝を求めてやっているからではありません。優勝を手段の一つだと考えて、それより大事なものが先にあって、そのために優勝が必要なんだと、いうふうになっている。あるいは優勝が必要だというよりも、優勝はその通過点に過ぎないんだ。そういう形に、子どもたちとの意思が統一されている。行動が一緒になっている。

だから、上手くいくんじゃないかなというふうに思っています。きれいごとじゃなく、私はそういうふうにやっている。子どもたちにも同じように語っています。先生は、何を、大事にしますか。子どもたちに、何を大事に、させたいですか。そこが、おそらく先生の今年の合唱の取り組み、合唱の指導を大きく左右するんじゃないかと考えます。以上です。ありがとうございました。

第Ⅴ章

セミナーで寄せられた合唱指導のQに長谷川が答える「媚びない・ぶれない・動じない」担任の指導が鍵

Q1　合唱について、いつから子どもたちに話をしますか。

出会いの日から言います。以前、入学の日に、こういった合唱の映像を保護者が集まった段階で見せました。そして、感想を聞きます。子どもたちは「すごいな」「きれいだな」くらいしか言えません。なぜなら、子どもたちはそういった合唱を経験してないからです。経験していないからどれだけ大変なのか分からないのです。つくるのがどれだけ大変かが分からない。でも、それは一一月になって、一年の合唱を自分たちでやってみれば分かります。

その経験から二年の合唱が変わります。そして三年にいたるという形で私はいつも合唱をつくります。

ある年に担任した子たちは三年間に三回音楽の先生が替わっています。ああ、私が担任した子どもたちで、三年間同じ先生に音楽の指導を受けたという例は一つもないです。ほぼ毎年先生が替わっています。今もそうです。一貫した合唱指導というのが受けられない状況です。

中には、合唱指導にトラウマがあってできないという人もいました。そういう時は私自身が前面に出て指導をします。もちろん毎年、指導しますけれど。一流の先生の指導を見て勉強をするのです。その先生がつくった合唱を聴きに行くことも当然します。指揮も勉強します。そうやって十年やってきました。

私の勤務地では各学校のコンクールで最優秀賞を取ると、地区大会に出場できます。そこで代表に選ばれると、県大会に進みます。私は三年生を三回担任しましたが、すべて地区大会に進みました。うち二回は県大会に行っています。子どもたちが半端でない努力をするのです。なにせ、合唱部も何もない、合唱の伝統も何もない学校でつくっていくのですから。私だけがいくら頑張っても駄目なのです。お互いに努力をするのです。

そうやって県大会に出場しすばらしい合唱を響かせた子どもたちは、卒業後数年が経過した今でも、辛いこととか困ったことがあったら、県大会の合唱のＤＶＤや学級通信を読んでいると言っています。私が結婚した年、その子どもたちが公民館を貸し切って、披露宴を開いてくれました。ウェディングドレスを二着も用意してくれたり、飾り付けをしてくれたり。子どもたちの手作りの披露宴です。そういった思い出のある子どもたちです。

> そこまでの絆ができた、というのは、合唱や演劇の取り組みが大きいのです。

もちろん一、二年の時には歌わない子がいました。一、二年の時歌わなかった子たちが三年になって私のクラスに集まります。お互いに必要としているから、結びつきます。「合唱が嫌だ」「歌いたくない」と言うんです。だから、楽しいんです。どうしたらこの子が歌うだろうか、どうしたら自分を表現するようになるだろうか。常に一人ひとりの課題を見つけて、解決策を一つひとつ試していく。それが私たちの仕事ですよね。

そういうふうに幾つも幾つも壁を乗り越えていくから、今見せたような迫力もあって美しい合唱になるのです。

私はそう考えています。荒れているから、そして「このままではいけない」という気持ちが芽生え、育っていくからこそ、他の学校よりもすごい合唱ができあがるのです。いわゆる手のかかる子、たいへんな子が多ければ多いほど、普通の学級よりもエネルギーあふれる合唱ができるのです。

向山洋一先生もそうだったと思います。向山先生はよく書かれています。ボーッとする子、集中できない子、そういう子がぞろぞろいる、それが向山学級だ。そこから始めるんだ。そこから一人ひとりの子にどんなことができるのかなのだ、と。そうやって格闘していく過程で、向山先生は腕を伸ばされたんですね。一人の子をどうするのか。私たちはそこまでこだわっているのでしょうか。私はいつも自問しています。

Q2　なかなか歌詞を覚えられない生徒には何をしてあげればいいですか。

ＡＤＨＤとＬＤが合併していた子どもを担任した時、私は体育会系でいきましたね。三百回一緒に歌いました。○を三百個書いて、学校が終わって、部活が終わると、公園に連れて行くんです。秩父は公園って言っても、山の上にありますから、でかい声で歌っても大丈夫です。そこに行って三百回。一個ずつ丸を塗りつぶしていくんです。赤鉛筆で塗りつぶしていくんですね。そうやって一カ月かけて三百回歌いました。

強制ではありません。本人がやりたいという気持ちでやっていました。

最初は苦手意識があります。そこは、やりたいという気持ちになるのを待っても、駄目です。行動で気持ちを変えていくのです。だから一緒に歌う必要がある。こちらがペースをつくってやる。歌いづらいところ、覚えづらいところは、一緒に練習していれば分かるでしょう。そこを重点的に歌っていく。アカペラでいい。こちらが覚えていればいくらでもできますよね。上手い下手じゃない。本気かどうか、だ。子どもの指導をする前に自分が全パートを覚えておくのは、私が自分に課した業ですね。
その子は県大会のＤＶＤに映っているのですが、まったく目立たず、溶け込んで歌っています。

私流のこだわりというのは、その子にとって必要だと思ったことはすべてやるということなんですね。

Ｑ３　荒れた中学校でもこういう合唱ができるのでしょうか。

中学生はできるんですね。でも、本来中学生が使うべきエネルギーがいろんなところに分散していて、荒れたりとか、くだらないことやったりとかするんです。
本来ならば中学生はこのぐらいダイナミックなことができるんです。

そういうことを知っていることが大事だし、もちろん三年後にこうなるためには、一年生の時から組み立てが必要です。

一人ひとりを見るというのは具体的に何をすることなのか。一人ひとりを大事にするとはどういうことなのか。一人ひとりに自信を持たせる、喜びを与えるにはどのタイミングで何をどうしていくことが必要なのか。常に、ほんとうに常に、ですよ。考えて考えて考え抜いています。

もちろん合唱もそうですね。喜びがないと歌を歌えませんよね、義務感だけじゃ。それから、スローガンや大義名分だけじゃ駄目なんですね。歌わない子は歌わないし、一所懸命になる子も少ない。

私の合唱を聴いたり、演劇を観た人たちはもしかしたら、「もともと良い子たちだから、あのようにずらっと同じ方向を向いて、先生がやろうと言ったことを『はいっ！』と言ってやっていく素直さと、ダイナミックに表現していくエネルギーがあるんじゃないか」というような印象を持っている方もいらっしゃるかもしれません。そのような印象を持つのが普通かもしれません。

なぜならば、学年全体が、ある教師の呼びかけで、同じ方向を向いて、本気で行動していくことは一般の学校ではあまりない。なかなかなし得ないことだと考えるからです。

人間は自分が経験したことしか理解できません。人間には意識の壁というのがあります。養老さんはそれを「バカの壁」と表現しましたけど、人間は経験していないことを意図的に意識しないようにしている、あるいは意図的に排除してしまうようにできているというのがありますね。

自分は意義を認める、価値を認めるというものだけが耳に入ってくるという脳の仕組みがあるそうです。ですから私の実践を見て、そう思われてもしかたないと思います。

でも、それは違うんです。良い学校だから、良い学級だから、良い子どもたちだからあのような演劇や合唱ができるのではありません。逆です。大変だからできるのです。

> できそうだからやるのではありません。やろうとするからできるんです。やっていくから子どもが変わって

いくのです。

最初は大変です。本当に大変です。学校全体を相手に新しいものを打ち上げる時は。朝、ベッドから起き上がるのが辛い。学校が近づくと胃が痛くなる。授業に行くのに抵抗を覚える。そういう状況もあります。そういう日々を越えて、いくつもいくつもでてくる問題を乗り越えていくから、あのような合唱と演劇があるのです。

そこを強く訴えたい。もう一度書きます。

できるからやるのではない、やるからできるのです。今まで関わってきた子どもたちが、どんな子どもたちかはプライバシーもありますから言えませんが、先生方が今まで会ったことのないような子どもたち、先生方が体験したこともないような家庭環境の子どもたち、見たこともないような重荷を背負った子どもたちが何人もいるんです。

そういった中で子どもたちに意欲を持たせ、志を立てさせ、可能性を引っ張り出すというのが、私の行事指導です。

向山先生は言います。「ステージの上に上げて、そういったことを経験させていくのは、どんなにすぐれた授業もかなわない。どんなに素晴らしい授業でもステージに上がって表現していくというのには及ばないのだ」と。

私は、実感としてこれが分かります。行事というのは子どもを激変させます。そういった力があります。私も何度も経験しています。

それは教師がしっかりとしたビジョンを持ち、ぶれない思想を持ち、そしてそれを戦略化し、戦略化した上で様々な戦術を使っていく。子どもに下ろしていくというのを絶え間なくやっていくからこそ可能なのです。

会社の経営と一緒です。戦略というのは将軍の術、戦術というのは兵士の術なんです。戦略というのは教師が担当しなくては駄目なんです。

それをですね、「子どもたちにどんなふうにやりたいか考えてごらん、何をやりたいか君たちで考えてごらん」じゃ駄目でしょ。それは、怠慢以外の何でもない。目的、大儀は教師が意図的に示していかないといけない。それを子どもたちが自分の足元に落としていきながら、自分たちの目標を達成していくのならいいんですよ。

そういったことも必要となってきます。行事というのは教師の思想と腕一つでどうとでもなります。自分なりの目的、自分なりのビジョン、戦略を持ってもらいたいなと考えています。

Ｑ４　日常からどんな指導をしていけばいいですか。

たとえば、掃除。私の学級では、自分の担当場所が終わったらすぐに教室を手伝いに来るんですよ。「自分の仕事が終わったら、他を手伝えるとすばらしいね」「仕事というのは自分で探すものなんですよ」私は口でも言うし、自分でもやっているんです、四月から毎日。掃除は一年中、子どもの三倍やっていますよ。そういうふうに背中で示すことが、特に中学教育の現場には足りない。私は大事にしたいんです。

率先垂範。子どもに要求することは自分がやる。自分にできないことを子どもに要求しない。

これは教育者の態度の根本だと思いますね。私が最も大事にしていることです。

掃除以外で言うならば、委員会や班長、当番活動などは立候補でしか決めません。たとえば今年の四月に学級委員を決める際、私の学級では一二名が立候補し、方針演説をし、ジャンケンで決めました。もう熱狂状態です。そうやってやる気を前面に出して役に就いていく。それが基本です。

なぜ一二名も立候補するのかといえば、昨年の入学の瞬間からそうなるように組み立ててきたからです。やってよかったと必ず思わせて終わらせる。活躍を広く知らしめる。努力していることを様々なメディアで広報する。やってみたいという気持ちを育てていく。意図的・計画的な教育を毎日毎日積み重ねていくわけです。

学級委員が立候補で決まらないのであれば、学級委員は要りません。そのくらいの覚悟でやっています。推薦なんてやりません。だって、推薦でなったからやっているんです、本当はやりたくないのにという子が他学級には毎年いるんだから。学級委員会で「やらされたんです」という子、いますでしょ。そんなの論外です。仕事はやりたい人がやるのです。やりたい気持ちにさせるのが教師の腕です。

働くのは楽しいことだ。一所懸命仕事をした先に、大きな喜びがある。

こういうことを語り、教師が実際に働いて、その姿で示していくんですよ。言葉だけ、説教だけで人が動くなら、教師という仕事は要らないのです。近所のおじさん、おばさんにできるレベルのことしかやらずに税金からお給料をもらうなんて、恥ずかしいことです。プライドを持て、という話です。

Q５　生徒は「団結」という言葉をよく使います。でも行動が伴っていません。どういう指導をしていけばいいですか。

団結という意味が違う。

子どもたちは、こちらが教えなければ、団結を目標にしてしまうんですね。よくあることです。

しかし、団結というのは結果でしかないんです。団結しよう、団結しなくちゃと言っているうちは、何もできません。活動を終えて、気がついたら俺たち私たち一つになっていたね。これが団結です。

団結というものを目標にした時点で、その目標は達成できません。

なぜなら、それは「悪い目標」だからです。団結しなければいけないというのを目標にしてしまったんです。しなければならないという義務感でつくった目標は達成できません。

しかも団結したかどうかなんて何で判断するんですか。測れません。進度が測れない目標は目標ではないでしょう。

そういったことを教師が知っていれば、指導を入れることができるんです。

「みんなね、一所懸命なのは分かるんだけど、みんなが今話し合っていることは実現しないよ。なぜなら、これこれこうだから……」と語ってあげればいい。このような方向で話し合っていけばいいと軌道修正していけばいいでしょう。

ですから、団結というのは子どもたちが一般的に思い、考え、言っているようなものではないということですね。掃除をさぼっている子はいませんか。給食当番で他の子に任せきりで手を抜いている子はいませんか。そういうところを見れば、団結力のある学級かどうかは一目瞭然です。もちろん特殊な子はいますけれどね。学級の質が高くとも、ちょっと外れた行動をする子はいるものです。あまり気に病まないことも大切ですよ。

Q6 練習中に「合唱がつまらない」といつも言っている生徒がいます。何を語りますか。

私だったらこう言います。

「つまんないとか言うもんじゃないよ。あなたが大好きな料理を、横でまずいまずいと言われたら、いい気持ちはしないでしょう?」

「あなたがつまんないと言っているからつまらないんだよ。合唱そのものにおもしろいもつまらないもないんだよ。あなたが自分で『つまらないものだ』と決めつけてしまっているだけだよ。つまんないと言って何が変わるんだい? 何も変わらないんだよ。それどころか、一所懸命やっている人を不快にしているんだよ。あなたがつまらないと言うことで、嫌な思いをしている人がいるんだよ。嫌われるよ? 信用なくすよ? やめな」というようなことをタイミングを見計らい、話していくでしょう。

Q7 合唱をやらない生徒にはどのように対応しますか。

それは人それぞれです。人によって違います。その子がなぜ歌わないのか。その原因が分かりますかということを、まず聞きたいですね、質問者の先生に。

わがままで歌わないのなら私は叱ります。

「あなたが歌わないことに対して、何人の人が心を痛めていると思っているのですか。あなたにはそれが分からないのですか。分かっていないようですね」と落ち着いてゆっくりと話します。

そうすると、子どもたちは「分かっています」と言います。

分かっているんですよ。

「A君は、あなたが一所懸命歌ってくれたら嬉しいなと日記に書いていましたよ。Bさんは、あなたが自信がなくて歌えないなら一緒に歌う練習をしようと言っていましたよ」と、集団の教育力を使っていくんですね。

でも、そのためには周りをきちんとつくっていかなくてはいけない。周りの多くがそういう気持ちになって、その子を受け入れている状態でないと駄目なんです。そうなっていないと、個別の、その子に対する対応はできません。

ある年に担任した生徒にも合唱を真面目にやらない生徒がいました。その生徒にはこんなことを語りました。

合唱はしっかりやらない子もね、部活ではすごく一所懸命やっているんですよ。

だからね、部活を例に話すわけです。

「あなたの部活で一所懸命にやっていない人がいたら何と言いますか」

「ちゃんとやれと言います」

「そうだよね」

その場に他の部のキャプテンもいたので、聞きました。

「あなたの部の部長はどうですか」

「やれって言います」

「そうだよね。言うよね」

そう言って、またその子に戻ります。

「合唱も同じだよね。部活もさ、この学校、部活は全入制だから、やりたくなくても入っている人がいるよね」

「います」

「そういう人にとってみれば、部活だからやらなくてはいけないとか、チームで一つにならなくてはいけないとかいうような言葉は届かないよね。やりたくないのだから」

「そうですね」

「やれと言っても相手はやってくれない。一所懸命やりたいあなたはどういう気持ちになる？」

「むかつくし、嫌です」

「そうだよね。あなたがやっているのはそのことと同じなんだよ。自分が合唱をやる価値が分からないからと言って真剣にやらないのは、バスケの価値が分からないからやらないという人と一緒でしょう。でも、あなたはその子にやれと言うでしょう。だったら今やるんだよ。今あなたがこの場でやることによって、バスケであなたにやれと言われた人も考えるよ。あなたの言葉を受け入れ始めるよ。あなたがやりたくない時にやりたくないことであっても一所懸命やっている姿を見ていれば、相手は感じるよ。分かるよ。あなたが好き勝手なことをやっていて、人には好き勝手やるなというのは違うでしょう。筋が通らないでしょう」

このように語りました。

こういう話をしたら、周りの子どもたちが何度も何度もうなずいていました。涙をためている子もいました。全員が「そうだ、そうだ」という雰囲気になって、もう一回合唱をやったら、その子も一所懸命やっていましたよ。

その年の合唱も、とてもすばらしい形で終えることができましたね。

自分の学級の場合、合唱が嫌いな子や歌わない子にも、年度当初から日常生活をちゃんとやらせていますからね。時々掃除をさぼったりもするけど、時々ですから。そういう土台があるから、いざという時にできるようになるのではないでしょうか。いざという時にこちらが勝負をかけて、それを素直に聞いてくれる、聞いて直してくれる。そういう人間関係があるかどうか。そういう関係も、日常生活の中で育まれるのですよね。私は私なりに、どんな子も大事にしようとしています。

行事の結果は、行事までの生活で決まっているのかもしれませんね。

Q８　合唱が成功したかどうかは何から判断すべきですか。

これは私の持論なのですが、行事は行事で終わっていたら意味がないのです。その後の日常生活が高まっているかどうか、そのクラスが高まっているかどうかが大事なのです。それだけが評価の基準なのです。行事後の生活で、成功かどうか分かります。

同じ認識で仕事をしている同僚がいると心強いですね。共鳴者を引き寄せるために、私は公の場でこのことを主張しますよ。

> 行事を祭りで終わらせるな。祭りの後が大事なんだ。

これが私の主張です。

この姿勢はＴＯＳＳ熊本の吉永順一先生からも評価してもらいました。

「行事に何時間もかけてその場で終わるのでは駄目なんだ。その通りだ」と吉永先生は話してくれました。

私が尊敬する故東井義雄先生の学校では、運動会の後すぐに職員反省をするのではなく、その三カ月後に行うそうです。やはり分かっている人は分かっている。そういう人がいるからこそ、他にはない、他を魅了する、刺激するような実践がつくられていくんですね。

私たちは優れた先人に、もっともっと学ぶべきですね。

Ｑ９　合唱祭一週間前です。何をしたらいいですか。

ある年の合唱祭で、私のクラスが全員で練習できたのは、合唱コンクールのある週の月曜日。つまり一週間前からです。前の週の月曜日は練習をやって、火曜日は私が出張でいませんでした。月曜日の段階で音楽の授業が大変だったということを子どもたちに聞いていました。前の週は学級閉鎖で、その前の週は学年閉鎖で、その前の週はテストが二週間延期されて行われて、そんな中で去年歌わなかった子が八人もいたわけですから、上手くいくわけがない。

だから、私は火曜日にいないというのは言わずに、「そんなにやりたくないのなら、みんなにやろうぜと言われてもやらない人は、やらなくていいんじゃないの」と言ったのです。「やりたいんだ、自分はその価値が分かるんだという人だけがやればいいんじゃないの」と言って、その後どう動くかを見たんです。

その前の年に私の学級でリーダーに育った子は、その年、他の学級に行っています。第二線、第三線にいた子どもたちが残っています。その子たちがどう動くか。昨年の学びをどう生かすか。そこを見極めたかったのです。

こうも話しました。「全員で歌うのはこの環境では無理だ」と。「今の学校の現状では、どの学級でも全員を実現するのは無理だ」と。「だって、全学年で好き勝手やっているんだから。誰も学校の質を高めようなどと考えてはいないのだから。俺は全員というのを教師になってから九年間毎年追い続けてきたけど、今年は無理だな。自分たちで勝手にやっていけばいいんじゃないの」と言ったんです。

なんでかと言うと、私のリーダーシップが強いんです。だから、私がいるだけで、何も言わなくても子どもたちはしっかりやるんです。何も言わなくても、それに子どもたちも甘えてね。先生がいてくれるから、あの子たちもやってくれるだろうとかね。先生がいるから大丈夫だろうとかね。自分たちで行動しなくなるんですよ。

なので、その子たちが行動をどのくらいできるのか見てみたかったんで、私は、「勝手にやってみればいいよ」と言ったんです。

火曜日は研修でいなくて、その夜にクラスの何人かから電話がかかってきて、「ひっちゃかめっちゃかになりました」ということでした。

体育の時間に体育館で少し歌わせたようなんですが、どうなったかというと、伴奏が前奏も弾けなかったということでした。ちゃんとやってきた生徒が怒ったということでした。もちろん、歌わない人は歌わないし、というのが火曜日でした。

それを聞いて、「そうか、そうか、じゃあ俺がやってみるかな」と水曜日を迎えました。昼休みの十分間と放課後の十分間にピアノが使えたんですね。のこされた三日間で合唱をつくりあげていったんです。前任校で私はよく言っていたんだけど、合唱は三日で変わると、それは良い状況からさらに良い状況に変わる三日間ということだったんです。

でも、今回はゼロ、というよりマイナスからどうやって九十点とかに持っていくかということだったので、私にも勉強になったんですね。で、その時点で何をやろうか考えたんですね。

水曜日に私が入ってやったのですが、子どもたちは「俺たちってすごくないですか」って言ったんですね。それだけ変わるということなんです。

それは私がいたからだということを言わなくてはいけないんです。「俺がいたからだな。俺がここにいなかったらここまでできていたか」と言ったら、「できません」と答えるんです。「だろ、でもな、俺がいなくても自分たちでできるということが成長の方向だからな。それは間違えるなよ」と言って、子どもたちが「ありがとうございました」と言って終わったんです。

何をやったかというと、まず、男子が高い声を出せずに、音が下がってしまったんですね。『ＣＯＳＭＯＳ』という曲と、『走る川』という二曲をやったんですけど。『走る川』という曲で最後に「てー」と伸ばす部分があるんです。ここの伸ばすところがかなり長いので、段々落ちてくるんです。

では高い音を保つためにはどうしたらいいかというと、重心を下げればいいんです。声の出し方がありますから、このような形でやってみなさいというふうにやったら、それは直るんです。「なるほど」と子どもたちがいうわけです。

次に、女子のアルトです。アルトの声がまだ地声だったので「このような形でやってごらん」と言えば、できるわけです。

あとはソプラノが響かない。歌う人数少ないし、四、五人しかいないわけです。そのような状況でどのようにやらせていくか。ここはこう歌うんだよと言ってやっていくわけです。

記号については、二週間前ぐらいにみんなで確認したんです。それがあったんでね。「あの部分はこのように歌った方が良い」とかそのような形で、私が例示しながらやっていたわけです。私は上手くないけどもソプラノが出せるから、それを示します。

そして、最後に「全員でやってみます」と言ってやっていったんです。そしたら結構良かったんです。私が指揮を振ってね。指揮の子には私がやるのを真似しなさいという形でやっていってね。それも例示ですね。で、評価をしていきました。「あの部分が良くなかった。あの部分は良くなった」と。「課題はこれこれこうだ。それは明日やります。分かりましたか」という形でした。

さて、木曜日です。木曜日はピアノが使えませんから、ラジカセでパート練をやりました。私は男子に入って、昨日の課題の部分をＣＤで聴かせて私が歌って、追い読みのような形で私が歌わせて、私が歌って、歌わせて、最後に子どもたちだけで歌わせていうふうにやらせました。昼休みが終わりました。

放課後は女子に入り、まずは歌わせて、「ここは良くなった。ここはまだだな」と言ってCDを聴かせて「ここはこういうふうに歌って」と言うとよくなるから、そのまま歌わせて。今度はアルトにいって「ここは気持ちがこもってきたね」とか感じたことを言って、「では最後に全員で歌ってみよう」と言って伴奏に合わせて歌わせました。「昨日よりもよくなっていると思いますか」と聞くと「よくなっている」と言うから、「じゃあ、今日もやって良かったね」と言って終わりました。

そして前日です。前日はリハーサルがあったので、体育館で歌えました。伴奏は火曜日の段階でできていなくて、変更したんだけど、やっぱりまだできていません。でも、伴奏はどうであれ、指揮さえできていれば子どもたちは歌えるんです。なぜならば『ＣＯＳＭＯＳ』という曲は簡単な曲なんです。男性は少しきついのですが。ですからピアノは止まっても指揮を振るというのを練習させるんです。ピアノは関係ない、できるところから入ればいいというふうにやればできるんです。

リハーサルをやって私が気になったこと。体育館でやりますから、どこまで声を届かせるとか、そのような声を響かせるにはどこまで意識しなくては駄目なんだということを子どもたちに聞かせました。

でも、その前にも事件があって、私がいないときに歌うと、ふざける子はふざけるんです。それがあったんで、放課後の練習の時に歌わせて、気を抜いている子のところに私が行って、「今の歌い方もう一度やってごらんなさい」と言って、できないですよね。そんなのは。「何考えているんですか」と言って全体に語ったんですね。

「合唱をクラスでやる意味が分かっていないんだよね。やらなくてもいいと思っているんだよね。でも、そうすると、部活もやらなくていいんだよね。授業もやらなくていいでしょ。リサイクル活動もやらなくていいでしょ」

というのを確認するんです。「学校としてやると決められたことをやるのが学校なのだ、それを好き嫌いでやってはいけない。個人の好みは関係ないんだ」と。合唱をちゃんとやっている子がやっていない子に言うようになってきているんですよ。本当にちゃんとやっている小さい子がね、二倍くらいあるような子に、本当にそんな歌い方で良いのかと、泣きながら言うようになっているんです。「そんなんじゃ駄目だろう」とぶっ飛ばされるのを覚悟で言うようになっているんです。男子も女子もね。半分くらいはね。

木曜日にも他の子ともしゃべりました。どんな気持ちでやっているんだと。「歌うのがそんなに好きじゃなくて、得意じゃなくて」「そうか、そうか。それはそれでいいんだ」「でもね、歌いたくないからといってサボってしまうから駄目なんだ。歌は下手でもいいんだ。勉強好きじゃなくてもみんなやっているんだ。それは合唱も一緒だ」と話しました。

子どもが変わる言葉を持っているのは大事で。私もこういう話をたくさん持っているから、私の言葉で子どもが変わっていくと思うんですよ。それはね、人から教えてもらった言葉でなく、私が試行錯誤し、悩んで得たことです。

私ね、この一週間飯が食えなかったんですよ。そんなに悩んで考えたこと、先生方ありますか。せいぜい一日くらいじゃないですか。私はね一週間食えなかったんです。そのくらい考えて全校のことをね。あの三年生をどう連れてくるかとかね。あの茶髪を直さないとステージに上げられないからどうしようかとね。ずーっと考えて動いているんです。

それを子どもたちは見ているからね。だから人には言えないけど、自分ではちゃんとやろうと自主練しているわけです。これは無言の教育です。私にとってみればね。私は自主練やれとか言いません。そんななかでも、五百回練習しましたとか、五百回指揮しましたとか言っているからね。それはすごいねと認めてあげます。

さて、当日を迎えました。課題曲の伴奏が止まりました。でも指揮が止まらなかったので、歌いきりました。自由曲のほうでは、「おーっ」という声がわいて、結果的には三年よりも上で最優秀賞ということになりました。その時点で三年生で泣いている人がいたんだけど、その涙は、二年に負けて悔しいという涙で、私にしてみれば、あまり価値がない涙です。私は涙はあまり信用しないんです。涙を流すぐらい価値のあることをやってきた子たちなら信用するんだけど、ずっと好き勝手をやっておいて、卒業式だけ涙を流すならふざけるなと思うわけです。

最後に、中学校の合唱曲それぞれの歌い方のポイントですが、ＴＯＳＳインターネットランドの山岡智子先生のサイトに百曲ほどずらりと並んでいますから、ぜひ参考にしてみてください。ＴＯＳＳを知らない先生方も大勢プリントアウトして活用しているようですよ。

（長谷川博之）

【執筆者紹介】 ＊執筆順

長谷川博之　　埼玉県秩父市立高篠中学校

斉藤　維人　　埼玉県皆野町立国神小学校

大木島　研　　埼玉県所沢市立東所沢小学校

森田　健雄　　埼玉県さいたま市立大宮北中学校

五味田昌弘　　埼玉県私立中高一貫校

兵藤　淳人　　埼玉県吉川市立南中学校

高木　友子　　埼玉県戸田市立美笹中学校

星野　優子　　埼玉県さいたま市立南浦和中学校

本川由貴子　　埼玉県春日部市立春日部中学校

【編著者紹介】
長谷川　博之（はせがわ　ひろゆき）
1977年1月17日生まれ
TOSS埼玉志士舞代表　向山一門事務局　向山型国語事務局
早稲田大学教育学部卒
専門：中学国語
埼玉県秩父市立高篠中学校勤務
〈現住所〉〒368-0061　埼玉県秩父市小柱338-3-202
〈E-mail〉hirobing@mx1.ttcn.ne.jp
〈編著〉
『黄金の三日間を制する授業準備ノート』（明治図書）
『涙を超えた感無量の卒業式をつくる――“こんな中学生の号泣”があなたを待っている！』（明治図書）

クラス皆が一体化！　中学担任がつくる合唱指導

2010年8月初版刊　©編著者　長谷川　博之
発行者　藤原久雄
発行所　明治図書出版株式会社
http://www.meijitosho.co.jp
（企画）樋口雅子（校正）清水祐子
東京都豊島区南大塚2-39-5　〒170-0005
振替00160-5-151318　電話03(3946)3151
ご注文窓口　電話03(3946)5092
＊検印省略　組版所　中央美版

Printed in Japan　ISBN978-4-18-712218-2